Jutta Streer

# Selbstständig zum besseren Wortschatz

5/6

Ernst Klett Verlag
Stuttgart München Düsseldorf Leipzig

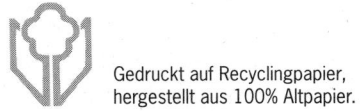 Gedruckt auf Recyclingpapier,
hergestellt aus 100% Altpapier.

1. Auflage          A | 6 5 4     | 2003

Alle Drucke dieser Auflage können im Unterricht nebeneinander benutzt werden,
sie sind untereinander unverändert.
Die letzte Zahl bezeichnet das Jahr dieses Druckes.

Umschlag: Martina Mahle, Anita Bauch
Illustration: Martina Mahle, Stuttgart
Satz und Druck: Wilhelm Röck GmbH, Weinsberg
Printed in Germany

ISBN 3-12-327058-0

## Inhalt

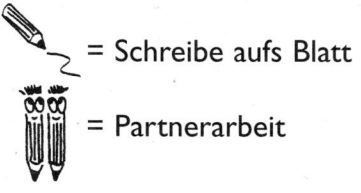

= Schreibe aufs Blatt

= Partnerarbeit

# Vorwort

## Zum Konzept

„Zu viele Rechtschreib- und Grammatikfehler! Geringer Wortschatz!" Mehr und mehr wird im Schulalltag und zu Hause die fehlende Sicherheit im Umgang mit der deutschen Sprache beklagt.

Diese Schwierigkeiten zeigen sich in ihrer Vielfalt besonders beim Übergang von der Grundschule in die weiterführende Schule, wenn es gilt Schülerinnen und Schüler mit z.T. unterschiedlichem Vorwissen in einen Klassenverband zu integrieren.

Die Materialien **Selbstständig zur Rechtschreibung, Selbstständig zur Grammatik** und **Selbstständig zum besseren Wortschatz** knüpfen an Unterrichtsformen an, die den Schülerinnen und Schülern aus der Grundschulzeit vertraut sind, und gehen – ergänzend zu dem an der Schule eingeführten Sprachbuch – diese Probleme gezielt an. Nach den Prinzipien des selbstständigen Lernens und Kontrollierens wird der Einzelne ermutigt seine individuellen Fehlerschwerpunkte zu überwinden.

Die Arbeitsblätter sind in der 5. und 6. Klasse von Lehrkräften verschiedener Schulformen (Realschule, Gymnasium, Gesamtschule) bei der Freiarbeit, im Klassenverband sowie im Förder- und Einzelunterricht erfolgreich erprobt worden. Sie orientieren sich an den geltenden Lehrplänen für die 5./6. Jahrgangsstufe, an den sprachlichen Defiziten der Kinder sowie an den Erwartungen und Erfahrungen der Deutschkolleginnen und -kollegen.

Sie sind zur Unterstützung und Erleichterung für den einzelnen Lehrer, für die Fachschaft Deutsch und für Schüler und Eltern zu Hause gedacht.

Die Materialien können als **Gesamttrainingsprogramm**, aber auch in **Auszügen** zur **Erarbeitung des Unterrichtsstoffs**, zur **Übung und Vertiefung** und zur **gezielten Behebung von Fehlerschwerpunkten** verwendet werden. Jedes Arbeitsblatt ist systematisch aufgebaut und stellt eine in sich geschlossene Unterrichtseinheit von etwa einer halben Stunde dar.

Durch motivierende Aufgaben wird versucht die Schüler möglichst viel selbst schreiben zu lassen. Auf Lückentexte wurde daher weitgehend verzichtet. Dadurch kann im Sinne der Kostenersparnis ein großer Teil der Arbeitsblätter mehrfach benutzt werden.

## Einsatzmöglichkeiten

1. Bei der Freiarbeit
2. Als Unterrichtsmaterial im Klassenverband
3. Zur Binnendifferenzierung
4. Im Förderunterricht für leistungsschwächere Kinder und zur Angleichung von Spätaussiedlern und ausländischen Schülern
5. In Vertretungsstunden
6. Beim eigenständigen Nacharbeiten und Üben zu Hause

## Ziele

1. **Training von Arbeitstechniken und Fertigkeiten im Fach Deutsch**
   - Suchen von Rechtschreibhilfen (z.B. deutliches Sprechen, Wortverwandte suchen, Verlängerungen bilden)
   - Erkennen der Grundbausteine von Wörtern
   - Systematisches Lernen nicht herleitbarer Wörter
   - Nachschlagen im Wörterbuch
   - Achten auf den richtigen Fall
   - Gezieltes Erfragen von Wörtern und Satzgliedern
   - Vermeidung von Wortwiederholungen und Achten auf den treffenden Ausdruck
   - Sicherung eines Grundwortschatzes

2. **Motivation und Selbstständigkeit**
   - Direkte Ansprache und Einbeziehung des Schülers
   - Kleinschrittige Erarbeitung und Übung des Stoffes
   - Orientierung des Arbeitstempos am individuellen Arbeitstempo des Schülers (keine Wartezeit für Schnellere, kein Druck für Langsamere)
   - Abwechslungsreiche, oft spielerische Übungen (Knobel- und Denksportaufgaben, Rätsel, Schreibspiele, Möglichkeiten zur Partnerarbeit)

3. **Selbstkontrolle**
   - Möglichkeit der eigenen Überprüfung durch die Lösungsseite
   - Rückmeldung über Schwächen und Fortschritte entwickelt Eigenverantwortung und Selbstvertrauen
   - Durch eigene Kontrolle Entspannung von gehemmten Kindern

4. **Training von grundlegendem systematischem Arbeitsverhalten**
   - Ruhiges und konzentriertes Arbeiten
   - Ausdauer
   - Richtiges Abschreiben
   - Genaues Lesen und Befolgen von Arbeitsanweisungen, Hinweisen und Tipps
   - Beantwortung der Aufgaben in der richtigen Reihenfolge
   - Kontrolle der eigenen Arbeit und Berichtigung der eigenen Fehler

5. **Training sozialer Verhaltensweisen**
   - durch Angebot an Partnerübungen Entwicklung der Bereitschaft zu helfen und sich selber helfen zu lassen

## Praktische Hinweise

**Selbstständig zur Rechtschreibung** und **Selbstständig zum besseren Wortschatz** sind auch als Selbstlernkurse einsetzbar. Die Aufgaben in **Selbstständig zur Grammatik** setzen die Behandlung des Stoffes im Unterricht voraus und dienen der Übung und Festigung.

Die einzelnen Kapitel können unabhängig voneinander bearbeitet werden. So kann der Lehrer weiterhin seine persönlichen Schwerpunkte setzen und die Schüler bei der Themenwahl entsprechend beraten. Nur innerhalb der Kapitel ist oft die Beibehaltung der vorgegebenen Reihenfolge sinnvoll.

Aufgaben, die das Symbol „Partnerarbeit" haben, können meist mit leicht veränderter Aufgabenstellung auch allein gelöst werden. Andererseits kann aber auch bei vielen Aufgaben ohne dieses Symbol gemeinsam gearbeitet werden.

Die Prinzipien des selbstständigen Arbeitens, wie Bereitstellen des Materials, ruhiges und konzentriertes Arbeiten, genaues Lesen der Arbeitsanweisungen und Tipps, verantwortungsbewusstes Kontrollieren und Berichtigen, sollten vorher besprochen werden.

Unterrichtsvorbereitung und schnelle Kontrolle werden erleichtert. Der Lehrer gewinnt Ruhe und Zeit für die Beobachtung des Lern- und Arbeitsverhaltens einzelner Schüler und erhält so eine wichtige Gesprächsgrundlage für Elterngespräche und Konferenzen. Er kann sich in dieser Stunde einzelnen Kindern widmen.

Häufig fragen Eltern nach zusätzlichem Übungsmaterial. Tipps und Lösungsblätter verschaffen ihnen die Möglichkeit sich schnell über den Lernstoff zu informieren und mit dem Kind zu arbeiten.

## Bei Nutzung als Freiarbeitsmaterial

### 1. Anschaffungen
*vom Lehrer:*
Aktenordner für die Arbeitsblätter, Klarsichthüllen, Klebestreifen, Locher, mehrere Würfel, Schere

*vom Schüler:*
Ringbuch mit DIN-A4-Blättern

### 2. Anlegen der Ordner
*Klassenordner:*
Jedes Arbeitsblatt kommt in eine Klarsichthülle. Damit die Originale erhalten bleiben, werden sie an der Rückseite der Klarsichthülle mit Klebestreifen befestigt. So kann man die Kopien davor stecken. Die Inhaltsverzeichnisse werden in Klassenstärke (plus 3 Exemplare für die Klassenordner) kopiert. Wie oft die Vorderseiten der Arbeitsblätter kopiert werden, hängt von den Einsatzvorstellungen der Lehrerin oder des Lehrers ab. Die Kopien der Arbeitsblätter werden vor die Originale gelegt. Zuerst werden die Inhaltsverzeichnisse und die Worterklärungen, anschließend die Folien mit den Arbeitsblättern in die Klassenordner einsortiert.

*Ringbuch des Schülers für Freiarbeit:*
Jeder Schüler heftet vorne die Inhaltsverzeichnisse der Materialien ein um sich jederzeit mit dem Angebot der Ordner vertraut machen und daraus auswählen zu können. Er legt die Kapitel **Rechtschreibung**, **Grammatik** und **Wortschatz** an.

### 3. Vorüberlegungen mit den Schülerinnen und Schülern

– Welches **Thema** suche ich aus? Der Schüler nimmt sich das Inhaltsverzeichnis und die letzten Klassenarbeiten vor und fragt sich: Wo fühle ich mich unsicher? Anfangs hilft sicher der Rat des Lehrers.

– Was bedeuten die **Symbole**? Erklärung der Symbole S. III.

– Wo erfahre ich die Bedeutung der verwendeten **lateinischen Fachausdrücke**? S. VI.

– Wann ist das **Beschriften der Arbeitsblätter** erlaubt? Der Schüler, der sich eine vor das Original gesteckte Kopie an seinen Platz geholt hat, löst normalerweise die Aufgaben in seinem Ringbuch (Thema und Datum nicht vergessen!). Nur beim Symbol ✎ sollte er die Lösung auf das Arbeitsblatt schreiben.

– Woher weiß der Lehrer, wann er **neue Arbeitsblätter kopieren** muss?
Der Schüler, der die letzte Kopie herausnimmt, trägt die Nummer der Seite auf einem dafür angelegten Blatt ein.

– Wie **kontrolliert** sich der Schüler?
Er nimmt das Lösungsblatt und vergleicht sein Ergebnis Wort für Wort mit der vorgegebenen Lösung. Er streicht seine Fehler an und verbessert sie.

– Was muss der Schüler tun, wenn er mit seinem Arbeitsblatt **fertig** ist?
Im Inhaltsverzeichnis seines Ringbuchs notiert er hinter dem erledigten Thema das Datum der Bearbeitung. Er ordnet seine Ergebnisse in seinem Ringbuch ein. Die Klarsichtfolien mit den Lösungen und, je nach Absprache mit dem Lehrer, auch die unbeschriebenen Arbeitsblätter legt er wieder an die richtige Stelle im Klassenordner zurück.
Der Lehrer sollte für diese Arbeiten am Ende der Stunde einige Minuten Zeit zur Verfügung stellen.

# Worterklärungen

| | |
|---|---|
| **Adjektiv** | Eigenschaftswort/Wiewort – hell, witzig |
| **Akkusativobjekt** | Satzglied: Ergänzung im 4. Fall (Frage: *wen?/was?*) – Ich sah *ein Krokodil. Wen/was* sah ich? |
| **Anredepronomen** | Anredefürwort – du, dich, Sie, Ihnen, … |
| **Artikel** | Begleiter/Geschlechtswort – der, die das, ein, eine, … |
| **Dativobjekt** | Satzglied: Ergänzung im 3. Fall (Frage: *wem?*) – Er half *dem Löwen. Wem* half er? |
| **Deklination** | Beugung – der Ball, des Balles, dem Ball, … |
| **Femininum** | weibliches Hauptwort – die Katze, die Gesundheit |
| **Futur** | Zukunft – Wir werden spielen. |
| **Genitiv** | 2. Fall (Frage: *wessen?*) – Das Fell *des Hundes* glänzt. *Wessen* Fell? |
| **Imperativ** | Befehlsform – Iss! Esst! |
| **Infinitiv** | Grundform des Verbs – spielen, sein |
| **Konjugation** | Beugung, Veränderung der Verbform – ich spiele, du spielst, es spielt, … |
| **Konjunktion** | Bindewort – und, oder, denn, damit, obwohl … |
| **Konsonant** | Mitlaut – b. c, d, f, g, h, j, k, l, m, n, p, q, r, s, t, v, w, x, y, z |
| **Maskulinum** | männliches Hauptwort – der Tiger, der Mut |
| **Neutrum** | sächliches Hauptwort – das Schwein, das Leben |
| **Nomen** | Namenwort/Hauptwort/Substantiv – Affe, Mut |
| **Nominativ** | I. Fall (Frage: *wer?/was?*) – *der Löwe* |
| **Perfekt** | vollendete Gegenwart – du hast gespielt, er ist gelaufen |
| **Personalpronomen** | persönliches Fürwort – ich, du, er, sie, es, … |
| **Plural** | Mehrzahl – die Gespenster |
| **Plusquamperfekt** | Vorvergangenheit – wir hatten gespielt, ihr wart gelaufen |
| **Possessivpronomen** | Besitz anzeigendes Fürwort – mein, dein, sein, unser, euer, ihr, ihrem, … Hund |
| **Prädikat** | Satzglied: Satzaussage (Frage: Was *tut* jemand/etwas? *Was geschieht?*) – Michaela *ist geschwommen. Was tut* Michaela? |
| **Präposition** | Verhältniswort – neben, auf, unter, … dem Tisch |
| **Präpositionalobjekt** | Satzglied: Ergänzung mit Präposition – Ich träumte *von meiner Katze. Wovon* träumte ich? |
| **Präsens** | Gegenwart – ich spiele, sie läuft |
| **Präteritum** | Vergangenheit – ich spielte, sie lief |
| **Singular** | Einzahl – das Gespenst |
| **Subjekt** | Satzglied: Satzgegenstand im I. Fall (Frage: *wer?/was?*) – *Das Kamel* gefiel mir. *Wer/was* gefiel mir? |
| **Verb** | Tätigkeitswort/Tuwort/Tunwort/Zeitwort – spielt, laufe |
| **Vokal** | Selbstlaut – a, e, i, o, u, y |

# Oberbegriffe – Unterbegriffe (Teil 1)

Gnork hat den **Oberbegriff** *Getränk* gelernt. Er kennt noch nicht die **Unterbegriffe**, wie *Milch, Kakao, Tee.* Wenn er Durst hat und „Bitte, ein Getränk!" sagt, bekommt er oft nicht das, was er gerne hätte.

**Auch für dich ist es wichtig *Unterbegriffe* zu kennen.**
**Du kannst dich damit genauer ausdrücken.**

**1.** Suche immer drei Unterbegriffe heraus, die zusammenpassen.
Zu welchem Oberbegriff gehören sie?
Beispiel: Ring, Kette, Armband, Geld
→ Ring, Kette, Armband: **Schmuck**

1. Fichte, Kiefer, Eiche, Tanne
2. Hammer, Dosenöffner, Feile, Bohrer
3. Untertasse, Teelöffel, Gabel, Messer
4. Klavier, Geige, Flöte, Trillerpfeife
5. Kühlschrank, Fernseher, Spülmaschine, Mixer
6. Lehrer, Automechaniker, Bankbeamter, Rasenmäher
7. Schmetterling, Tiger, Wolf, Löwe
8. Ball, Puppe, Stecknadel, Bauklötze
9. Kupfer, Eisen, Gold, Kohle
10. Füller, Pausenbrot, Bleistift, Ringbuch

**2.** „Stadt – Land – Fluss" – einmal anders
Sicher kennt ihr das Spiel „Stadt – Land – Fluss". Man kann es auch mit anderen Oberbegriffen spielen:
Ein Spielpartner sagt unhörbar das Alphabet auf, bis sein linker Nachbar „Stopp!" ruft. Alle Mitspieler suchen mit dem genannten Buchstaben zu den Oberbegriffen *Lebewesen, Teil des Körpers, Nahrungsmittel, Beruf, Hobby* Unterbegriffe, bis der erste fertig ist. (C, J, Q, V, X und Y könnt ihr weglassen.) Jeder legt dafür die folgende Tabelle an.
Wenn du keine Partnerin oder keinen Partner hast, gehst du in der Reihenfolge des Alphabets vor.

| Lebewesen | Teil des Körpers | Nahrungsmittel | Beruf | Hobby | Punkte |
|---|---|---|---|---|---|
| Ameise | Arm | Ananas | Arzt | angeln | |

Bewertung des Spiels:
(Anzahl der Punkte für jeden richtigen Unterbegriff)
15 Punkte, wenn man als Einziger eine richtige Lösung hat.
10 Punkte für alle unterschiedlichen richtigen Lösungen.
 5 Punkte für alle gleichen richtigen Lösungen.

## Oberbegriffe – Unterbegriffe (Teil 1)

**1.** Suche immer drei Unterbegriffe heraus, die zusammenpassen. Zu welchem Oberbegriff gehören sie?

| | | |
|---|---|---|
| 1. | Fichte, Kiefer, Tanne: | **Nadelbaum** |
| 2. | Hammer, Feile, Bohrer: | **Werkzeug** |
| 3. | Teelöffel, Gabel, Messer: | **Besteck** |
| 4. | Klavier, Geige, Flöte: | **Musikinstrument** |
| 5. | Kühlschrank, Spülmaschine, Mixer: | **Küchengerät, Haushaltsgerät** |
| 6. | Lehrer, Automechaniker, Bankbeamter: | **Beruf** |
| 7. | Tiger, Wolf, Löwe: | **Raubtier** |
| 8. | Ball, Puppe, Bauklötze: | **Spielzeug** |
| 9. | Kupfer, Eisen, Gold: | **Metall** |
| 10. | Füller, Bleistift, Ringbuch: | **Schreibwaren** |

**2.** **„Stadt – Land – Fluss"** – einmal anders

Möglichkeiten:

| Lebewesen | Teil des Körpers | Nahrungs-mittel | Beruf | Hobby |
|---|---|---|---|---|
| Ameise | Arm | Ananas | Arzt | angeln |
| Bandwurm | Bauch | Brot | Bäuerin | basteln |
| Dachs | Darm | Dauerwurst | Dachdecker | Dauerlauf |
| Eidechse | Ellenbogen | Eis | Elektrikerin | essen |
| Fuchs | Fuß | Fisch | Förster | Fußball spielen |
| Giraffe | Galle | Gans | Glockengießer | Gartenarbeit |
| Hund | Herz | Hähnchen | Hebamme | Hockey spielen |
| Igel | Iris | Ingwerkuchen | Ingenieur | Ikebana |
| Krokodil | Knie | Kohl | Klempner | kochen |
| Laus | Lunge | Lachs | Lehrerin | lesen |
| Maus | Magen | Mais | Metzger | malen |
| Nashorn | Nase | Nudeln | Näherin | naschen |
| Otter | Ohr | Obst | Ober | Orgel spielen |
| Panther | Pupille | Paprika | Pfarrer | puzzeln |
| Regenwurm | Rücken | Reis | Richter | reiten |
| Sau | Skelett | Spinat | Sängerin | schwimmen |
| Taube | Trommelfell | Tee | Taucher | Tennis spielen |
| Uhu | Unterarm | ungarische Salami | Uhrmacherin | Urlaub |
| Wolf | Wirbelsäule | Wirsing | Wirtin | wandern |
| Zebra | Zunge | Zucker | Zahnärztin | zaubern |

## Der richtige Oberbegriff (Teil 2)

Du findest in jeder Zeile drei Unterbegriffe. Sie haben eine gemeinsame Eigenschaft. Daher kannst du die Wörter unter einem **Oberbegriff** zusammenfassen.

### 1. Partnerwettkampf

Wer findet zu den folgenden Unterbegriffen die richtigen Oberbegriffe? Schreibt sie auf. Jede richtige Antwort ergibt einen Punkt.

|  |  |  |
|---|---|---|
| 1. Boxer | Dackel | Pudel |
| 2. Christentum | Islam | Buddhismus |
| 3. Fee | Hexe | Dornröschen |
| 4. Quartett | schwarzer Peter | Rommee |
| 5. Schwager | Urgroßmutter | Nichte |
| 6. Zeus | Poseidon | Athene |
| 7. Kilogramm | Tonne | Gramm |
| 8. Schiller | Böll | Goethe |
| 9. Schilling | Franc | Dollar |
| 10. Saturn | Mars | Venus |
| 11. Auge | Ohr | Nase |
| 12. Grippe | Masern | Röteln |
| 13. Deutsch | Mathematik | Erdkunde |
| 14. Eiskunstlauf | Bobfahren | Skifahren |
| 15. Meter | Meile | Kilometer |
| 16. Dampfer | Kanu | Ruderboot |
| 17. Kaiser | König | Zar |
| 18. Thüringen | Hessen | Sachsen |
| 19. Fisch | Mensch | Mücke |
| 20. Sonnenschein | Regen | Nebel |
| 21. Wasser | Milch | Kaffee |
| 22. Ente | Schwan | Haubentaucher |
| 23. Sessel | Schrank | Tisch |
| 24. Pullover | Hemd | Schuhe |
| 25. Lenker | Speichen | Kette |
| 26. Mehl | Zucker | Fleisch |
| 27. See | Fluss | Meer |
| 28. Halma | Monopoly | Mühle |
| 29. Italiener | Grieche | Spanier |
| 30. Wolkenkratzer | Wohnhaus | Lagerhalle |

### 2. Denke dir selbst zusammengehörige Unterbegriffe mit ihren Oberbegriffen aus und schreibe sie auf.

## Der richtige Oberbegriff (Teil 2)

**1. Partnerwettkampf**

Wer findet zu den folgenden Unterbegriffen die richtigen Oberbegriffe?
Schreibt sie auf.

1. Hunderassen
2. Religionen
3. Märchengestalten
4. Kartenspiele
5. Verwandte
6. Götter der Griechen
7. Einheiten für Gewichte
8. deutsche Dichter
9. ausländische Währungen (ausländisches Geld)
10. Planeten
11. Sinnesorgane
12. Krankheiten
13. Unterrichtsfächer
14. Wintersportarten
15. Längenmaße
16. Wasserfahrzeuge
17. Herrscher
18. Bundesländer
19. Lebewesen
20. Wetter
21. Getränke
22. Wasservögel
23. Möbel
24. Kleidungsstücke
25. Fahrradteile
26. Lebensmittel
27. Gewässer
28. Gesellschaftsspiele (Brettspiele)
29. Südeuropäer
30. Gebäude

## Sport, Stadt, Mode

**Wörter, die einen Wortbestandteil gemeinsam haben, gehören einer *Wortfamilie* an.**
**Beispiel: Wortfamilie *fahren*: Abfahrt, Fahrzeug**

**1.** Die Verwandten von drei Wortfamilien sind unten in einer Wolke durcheinander gewürfelt worden.

Wer gehört zu welcher Familie?

1. Setze die Wörter aus der Wolke mit den Begriffen *Sport*, *Stadt* oder *Mode* zu Wortfamilien zusammen. Einige passen in mehr als eine Familie. Manche musst du etwas verändern. Streiche die verwendeten Wörter.

| Wortfamilie *Sport* | Wortfamilie *Stadt* | Wortfamilie *Mode* |
|---|---|---|
| Sportmeldung | Kleinstadt | Modegeschäft |

2. Kontrolliere, ob du die zusammengesetzten Nomen zusammen- und großgeschrieben hast.

3. Wie viele zusammengesetzte Nomen hast du gefunden?

## Sport, Stadt, Mode

**I.** Wer gehört zu welcher Familie?

1. Setze die Wörter aus der Wolke mit den Begriffen *Sport*, *Stadt* oder *Mode* zu Wortfamilien zusammen. Einige passen in mehr als eine Familie. Manche musst du etwas verändern.

2. Kontrolliere, ob du die zusammengesetzten Nomen zusammen- und großgeschrieben hast.

3. Wie viele zusammengesetzte Nomen hast du gefunden?

Wortfamilie *Sport*:

Sportmaschine, Sportflugzeug, Sporthochschule, Sportkleidung, Sportmeldung, Sportbericht, Sportschuhe, Sportlehrer, Sporthemd, Leistungssport, Sportschau, Behindertensport, Wintersport, Sportgerät, Sportmedizin, Sportart, Sportreporter, Sporthalle, Sportabzeichen, Sportplatz, Sportwagen, Freizeitsport, Spitzensport, Sportverein, Sportartikel, Sportzeitschrift, Sportillustrierte, Sportgeschäft, Kindersport

Wortfamilie *Stadt*:

Kleinstadt, Großstadt, Stadtrundfahrt, Stadtwald, Stadtzentrum, Hauptstadt, Stadtverwaltung, Stadtrand, Stadtautobahn, Stadtbewohner, Stadtdirektor, Stadtgespräch, Stadtteil, Stadtbevölkerung, Stadtbibliothek, Stadtluft, Industriestadt, Stadtplan, Stadtmauer, Innenstadt, Stadtkern, Altstadt, Stadtrecht, Stadtrat, Stadtverordneter, Stadtplanung, Stadthalle, Stadtjugend

Wortfamilie *Mode*:

Modeschmuck, Herrenmode, Kindermode, Freizeitmode, Modenschau, Modehaus, Modegeschäft, Modefarbe, Modefrisur, Frisurenmode, Modeartikel, Modezeichner, Jugendmode, Haarmode, Modezeitschrift, Modeillustrierte, Modeschöpfer, Moderichtung, Schuhmode, Modeschuhe, Wintermode, Modeindustrie, Hemdenmode, Modezentrum

# Das treffende Verb verwenden

## Das Wortfeld *sagen*:
## Erarbeitung und Gliederung (Teil 1)

**1.** **Silbenrätsel**

1. Suche Wörter aus dem Wortfeld *sagen*. Schreibe sie auf. Streiche die verwendeten Silben.

ant – beln – ben – bit – brül – chen – chen – dern – er – er – fau – fen –
fen – flu – flüs – for – fra – fü – gen – gen – hin – in – jam – ju – len – len –
len – mern – mie – mit – nen – ren – ru – schimp – schluch – stöh –
tei – ten – ten – tern – to – wi – wor – zäh – zen – zu

2. Trage die Wörter aus dem Silbenrätsel in die folgende Tabelle ein. Manche passen zweimal.

| laut | leise | mit angenehmen Gefühlen | mit unangenehmen Gefühlen | sachlich (kein Hinweis auf Lautstärke oder Gefühle) |
|------|-------|--------------------------|----------------------------|------------------------------------------------------|
| rufen | flüstern | jubeln | fluchen | fragen |

3. Ordne auch folgende Wörter in deine Tabelle ein.

erklären, heulen, fortfahren, weinen, behaupten, donnern, drohen, befehlen,
berichten, klagen, meckern, auffordern, vermuten, murmeln, seufzen,
murren, wispern, lachen, meinen, hauchen, sich erkundigen, entgegnen,
empfehlen, schreien, sich beschweren, kreischen, kichern

**2.** Vor dir liegt ein Auszug aus einer Geschichte.

1. Unterstreiche das Verb *sagen*.

2. Schreibe den Auszug der Geschichte neu und verwende dabei passendere Wörter aus dem Wortfeld *sagen*. Wenn du unsicher bist, hilft dir deine Wörterliste von Aufgabe 1. Manchmal musst du mit dem neuen Verb auch den Satzbau etwas verändern.
   **Beispiel:** Plötzlich flüsterte Oliver: „Dort ...

... Plötzlich sagte Oliver leise zu mir: „Dort drüben macht einer lange Finger!" –
„Was meinst du damit?", sagte ich aufgeregt. „Komm mit!", sagte er. Wir liefen
schnell zu einem Verkäufer und Oliver sagte: „Der Junge in der Jeansjacke dort
hat gerade ein Kofferradio in seine Aktentasche gepackt!" – „Schon wieder ein
Diebstahl!", sagte der Verkäufer. Und dann sagte er noch: „Den haben wir gleich!"
Wir gingen unauffällig hinter ihm her. So hörten wir, wie er zu dem Jungen sagte:
„Mach mal deine Tasche auf!" Er schaute hinein und sagte: „Das ist ja unerhört!
Ich rufe die Polizei!" Der Dieb sagte: „Sagen Sie es nicht meinen Eltern!" – „Das
hättest du dir vorher überlegen sollen", sagte der Verkäufer. Uns versprach er
50 DM Belohnung. „Super! Klasse!", sagten wir und konnten es kaum fassen ...

## Das Wortfeld *sagen*:
## Erarbeitung und Gliederung (Teil 1)

### I. Silbenrätsel

1. Suche Wörter aus dem Wortfeld *sagen*.

   antworten – bitten – brüllen – erwidern – erzählen – fauchen –
   fluchen – flüstern – fragen – hinzufügen – informieren – jammern –
   jubeln – mitteilen – rufen – schimpfen – schluchzen – stöhnen – toben

2. Trage die Wörter aus dem Silbenrätsel in die folgende Tabelle ein.

3. Ordne auch folgende Wörter in deine Tabelle ein.

   **laut:**
   rufen, jubeln, schimpfen, toben, donnern, fauchen, brüllen, schreien,
   kreischen

   **leise:**
   flüstern, murmeln, wispern, hauchen

   **mit angenehmen Gefühlen:**
   jubeln, lachen, kichern

   **mit unangenehmen Gefühlen:**
   fluchen, jammern, schimpfen, schluchzen, stöhnen, toben, heulen, weinen,
   donnern, drohen, klagen, meckern, fauchen, seufzen, murren, brüllen,
   sich beschweren

   **sachlich** (kein Hinweis auf Lautstärke oder Gefühle):
   fragen, antworten, auffordern, befehlen, berichten, bitten, erzählen,
   erwidern, hinzufügen, informieren, mitteilen, erklären, fortfahren,
   behaupten, vermuten, meinen, sich erkundigen, entgegnen, empfehlen

### 2.

2. Schreibe den Auszug der Geschichte neu und verwende dabei passende
   Wörter aus dem Wortfeld *sagen*.

   Möglichkeit:
   … Plötzlich **flüsterte** Oliver: „Dort drüben macht einer lange Finger!" –
   „Was meinst du damit?", **fragte** ich aufgeregt. „Komm mit!", **forderte** er
   mich **auf**. Wir liefen schnell zu einem Verkäufer und Oliver **berichtete** ihm
   (**informierte** ihn, **teilte** ihm **mit**): „Der Junge in der Jeansjacke dort hat
   gerade ein Kofferradio in seine Aktentasche gepackt!" – „Schon wieder ein
   Diebstahl!", **stöhnte** (**fluchte, schimpfte, klagte**) der Verkäufer. Und
   dann **fügte** er noch **hinzu**: „Den haben wir gleich!" Wir gingen unauffällig
   hinter ihm her. So hörten wir, wie er den Jungen **aufforderte** (dem Jungen
   **befahl**): „Mach mal deine Tasche auf!" Er schaute hinein und **schimpfte**:
   „Das ist ja unerhört! Ich rufe die Polizei!" Der Dieb **jammerte**
   (**schluchzte, bat**): „**Erzählen** Sie es nicht meinen Eltern!" („**Teilen** Sie …
   nicht **mit!**") – „Das hättest du dir vorher überlegen sollen", **antwortete**
   (**erwiderte**) der Verkäufer. Uns versprach er 50 DM Belohnung. „Super!
   Klasse!", **jubelten** (**riefen**) wir und konnten es kaum fassen …

# Das Wortfeld *sagen:*
# Anwendung im Sinnzusammenhang (Teil 2)

Schreibe den Inhalt jeder Sprechblase mit einem Begleitsatz auf.
Wenn du unsicher bist, hilft dir die Wörterliste. Oft gibt es mehrere
Möglichkeiten.
Denke an die richtige Zeichensetzung.
Beispiel: „Es ist sicher längst Mittag! Ich sterbe vor Hunger!", **jammerte
(klagte, seufzte, stöhnte, schluchzte)** Donald.

*Walt Disneys Donald Duck Nr. 263; Micky Maus Nr. 5 (26.1.1995), Nr. 49 (26.11.1992),
Nr. 46 (5.11.1992). Stuttgart: Ehapa. © Disney.*

## Wörterliste:

antworten, angeben, auffordern, beruhigen, sich beschweren, brüllen,
entgegnen, sich erkundigen, erwidern, fragen, hinzufügen, jammern, jubeln,
klagen, kreischen, prahlen, rufen, schimpfen, spotten, schluchzen, schreien,
seufzen, stöhnen, toben, verlangen, vorschlagen, widersprechen

## Das Wortfeld *sagen*: Anwendung im Sinnzusammenhang (Teil 2)

Schreibe den Inhalt jeder Sprechblase mit einem Begleitsatz auf. Wenn du unsicher bist, hilft dir die Wörterliste. Oft gibt es mehrere Möglichkeiten.

1. „Es ist sicher längst Mittag! Ich sterbe vor Hunger!", **jammerte (klagte, seufzte, stöhnte, schluchzte)** Donald.

2a. „Eine Bergtour wäre dieses Jahr genau richtig!", **schlug** Tick **vor**.

2b. „Mir wäre das Meer lieber, zum Schnorcheln!", **widersprach (entgegnete)** Trick.

2c. „Jedenfalls brauchen wir diesmal Ferien mit Pfiff! Der Amazonas wär' toll!", **fügte** Track **hinzu**.

3a. „Das geht ja schon mal gut los! Du und deine Ideen! Und wir müssen es wieder ausbaden!", **schimpfte (stöhnte, beschwerte sich)** Tick.

3b. „Ach was, reißt euch zusammen! Sobald ich mit meiner Nummer Geld gemacht habe, kaufe ich ein Auto, in das locker ein ganzer Zoo reinpasst!", **prahlte** Donald **(gab** Donald **an)**.

4a. „Hast du dir was gebrochen, Goofy?", **fragte (erkundigte sich)** Micky Maus.

4b. „Nein! Ganz so schlimm ist es nicht …", **entgegnete (antwortete, erwiderte, beruhigte)** Goofy.

5a. „Auaaaa! Das war mein Fuß!", **schrie (brüllte, kreischte)** Donald.

5b. „Bring deine Säue in den Stall zurück und leg dich gleich dazu!", **spotteten (verlangten, schimpften, tobten, brüllten, riefen)** die Zuschauer **(forderten** die Zuschauer Donald **auf)**.

6. „Hurra! Das Meer!", **jubelten (riefen)** Donald und die Kinder.

## Das Wortfeld *sagen*:
## Festigung der Wortbedeutungen (Teil 3)

### Sagen – nein danke!

Besprecht das Spiel mit eurem Lehrer oder eurer
Lehrerin, wenn ihr bei den ersten Sätzen Schwierigkeiten haben solltet.
Es werden benötigt:
2–3 Mitspieler, Zubehör: Spielsteine, Würfel

Denke dir auf jedem erwürfelten Feld eine Situation aus
(ein oder mehrere Sätze), in die dieses Verb besonders gut
hineinpasst. Du darfst nicht denselben Satz bilden wie deine Mitspieler.
**Beispiel:** Meine Trainerin empfahl mir gestern nach meiner Niederlage
im Tennismatch: „Du solltest regelmäßiger trainieren!"
**oder (in indirekter Rede):** Meine Trainerin empfahl mir
gestern nach meiner Niederlage im Tennismatch, ich solle
regelmäßiger trainieren.

= 2 Felder vor      = 2 Felder zurück

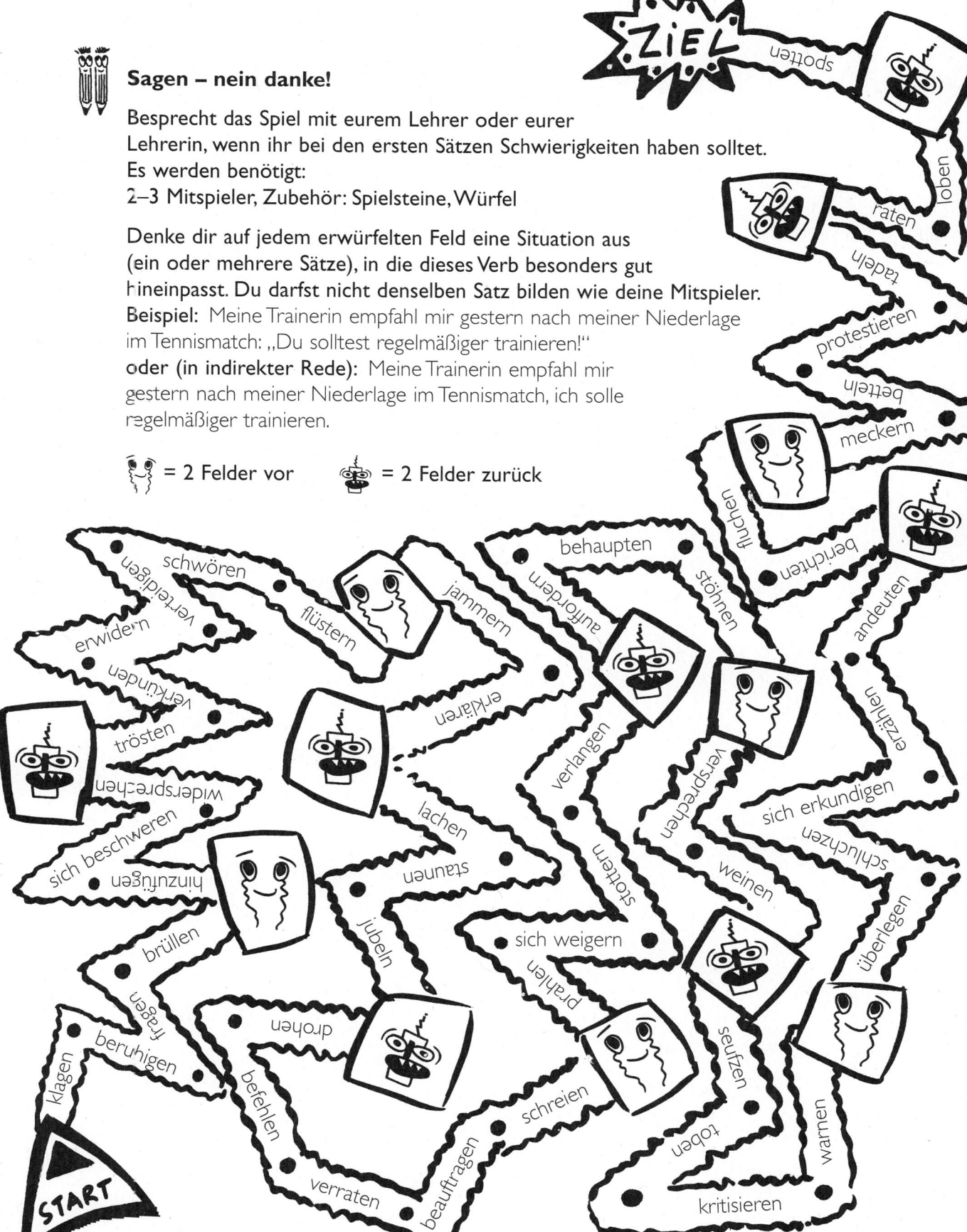

## Das Wortfeld *gehen*: Erarbeitung und Gliederung (Teil 1)

Humpeln? Kriechen? Ich schwebe immer.

**1.** Auf den Bildern siehst du verschiedene Fortbewegungsarten. Nur eines der darunter stehenden Verben passt.

1. Unterstreiche das treffende Verb.

2. Bilde mit diesen unterstrichenen Verben passende Sätze zu den Bildern.
   Beispiel: Bild 1: Nach dem Unterricht rennt Eva zur Haltestelle.

stolzieren
<u>rennen</u>
hinken

stapfen
sausen
schlendern

rasen
schlurfen
schleichen

taumeln
fliehen
waten

stolpern
humpeln
bummeln

kriechen
schwanken
laufen

sich tasten
huschen
sprinten

torkeln
hetzen
spurten

flitzen
schreiten
flüchten

**2.** Fertige die folgende Tabelle an. Ordne alle Gangarten ein, die du in Aufgabe 1 findest. Einmal gibt es zwei Möglichkeiten.
Vergleiche dabei die Gangart mit dem normalen Gang eines Menschen.

| schnell | langsam | behindert oder unsicher |
|---------|---------|-------------------------|
| rennen | stolzieren | hinken |

# Das Wortfeld *gehen*: Erarbeitung und Gliederung (Teil 1)

**1.** Auf den Bildern siehst du verschiedene Fortbewegungsarten.
Nur eines der darunter stehenden Verben passt.

1. Unterstreiche das treffende Verb.

| | | |
|---|---|---|
| 1. rennen | 2. stapfen | 3. schleichen |
| 4. waten | 5. humpeln | 6. kriechen |
| 7. sprinten | 8. torkeln | 9. flüchten |

2. Bilde mit diesen unterstrichenen Verben passende Sätze zu den Bildern.

Möglichkeit:
2. Es hatte geschneit und Petra **stapfte** mit ihrem Schlitten durch den hohen Schnee zum Rodelhang.
3. Ich **schlich** mich durch das Schilf an das Nest heran.
4. Cornelia **watete** durch den Bach, weil sie den Weg abkürzen wollte.
5. Nach seinem Beinbruch **humpelte** Manuel drei Wochen lang auf Krücken zur Schule.
6. Bertram hatte seine Kontaktlinsen verloren und **kroch** durchs Gras um sie wieder zu finden.
7. Der Läufer **sprintete** über die Aschenbahn des Stadions.
8. Ferdinand Schulze trank zu viel Alkohol, deshalb sahen wir ihn oft über die Straße **torkeln**.
9. Mit einem Hilfeschrei **flüchtete** Peer vor dem Stier.

**2.** Fertige die folgende Tabelle an. Ordne alle Gangarten ein, die du in Aufgabe 1 findest. Einmal gibt es zwei Möglichkeiten. Vergleiche dabei die Gangart mit dem normalen Gang eines Menschen.

**schnell:**
rennen, sausen, rasen, fliehen, laufen, huschen, sprinten, hetzen, spurten, flitzen, flüchten

**langsam:**
stolzieren, stapfen, schlendern, schlurfen, schleichen, waten, bummeln, kriechen, sich tasten, schreiten

**behindert oder unsicher:**
hinken, taumeln, stolpern, humpeln, schwanken, sich tasten, torkeln

## Das Wortfeld *gehen:*
## Anwendung im Sinnzusammenhang (Teil 2)

**1.** Wie gehen diese Menschen? Wenn du unsicher bist, hilft dir
deine Wörtersammlung zum Wortfeld *gehen.* (Teil 1, Kopiervorlage 7)
Beispiel: Der alte Mann ... in Pantoffeln durchs Zimmer. → schlurft

1. **Kreuzworträtsel** (ä, ö, ü = 1 Buchstabe)

**waagerecht:**

3. Anja und Markus ...
gemütlich durch die Stadt.
7. Die Kinder ... los um sich
schnell zu verstecken.
9. Bei dem hohen Seegang ...
wir zu unserer Kabine.
11. Die Einbrecher ...
geräuschlos durch die
Wohnung.
15. Wir ... in Gummistiefeln
durch das Moor.
17. Mit Blasen an den Füßen ...
wir die letzten Meter.
18. Viele ... zu Beginn der
Pause auf den Hof.

19. Beim Geländespiel ... wir
auf allen vieren durchs
Gebüsch.
20. Die Braut und der Bräutigam
... zum Altar.

**senkrecht:**

1. Wir ... vor den Wespen in
den See.
2. Die Jungen ... los um den
Bus zu bekommen.
4. Soldaten ... bei einer Parade.
5. Die beiden Betrunkenen ...
aus der Bar.
6. Der Förster muss heute
durch hohen Schnee ...

8. Die Mädchen ... angeberisch
an der Warteschlange
vorbei.
10. Nach Geschäftsschluss ...
die Menschen nach Hause.
11. Meine Eltern ... gern von
Geschäft zu Geschäft.
12. Abends sah ich zwei dunkle
Gestalten durch den
Garten ...
13. Wir ... vor dem fremden
Hund.
14. Beim ersten Aufstehen ...
die Operierten oft.
16. Seit seinem schweren Unfall
muss Tom ...

2. Schreibe die Sätze mit den Lösungswörtern in dein Heft.

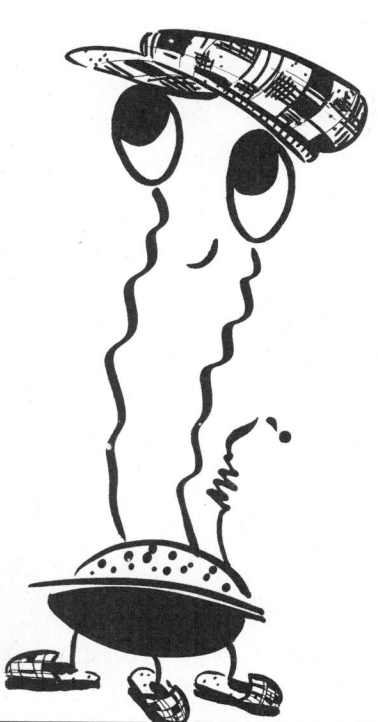

## Das Wortfeld *gehen*:
## Anwendung im Sinnzusammenhang (Teil 2)

**I.** 1.

| | | | | | | | | | | | F | | | | R |
|---|---|---|---|---|---|---|---|---|---|---|---|---|---|---|---|
| | | | B | U | M | M | E | L | N | | | | T | | A |
| | | | | A | | I | | | S | O | | | O | | S |
| | | S | A | U | S | E | N | | R | E | T | | R | | E |
| | | | T | | | S | C | H | W | A | N | K | E | N | N |
| | | | O | | E | C | | E | | P | | | E | | |
| | | S | C | H | L | E | I | C | H | E | N | | L | | |
| | | C | | Z | | L | | I | | E | N | | N | | H |
| | | H | | I | | E | | E | | N | | | | | U |
| | | L | | E | | N | | R | | F | | T | | | S |
| W | A | T | E | N | | R | | | E | L | | A | | | C |
| | | N | | R | | E | N | | Ü | | | U | | | H |
| | | D | | E | | N | | H | C | | | M | | | E |
| | | E | | | | | | I | | H | U | M | P | E | L | N |
| S | T | Ü | R | M | E | N | | N | | T | | L | | | |
| | | N | | | | | | K | R | I | E | C | H | E | N |
| | | | | | | | | E | | N | | | | | |
| S | C | H | R | E | I | T | E | N | | | | | | | |

2. Schreibe die Sätze mit den Lösungswörtern in dein Heft.

**waagerecht:**
3. Anja und Markus **bummeln** gemütlich durch die Stadt.
7. Die Kinder **sausen** los um sich schnell zu verstecken.
9. Bei dem hohen Seegang **schwanken** wir zu unserer Kabine.
11. Die Einbrecher **schleichen** geräuschlos durch die Wohnung.
15. Wir **waten** in Gummistiefeln durch das Moor.
17. Mit Blasen an den Füßen **humpeln** wir die letzten Meter.
18. Viele **stürmen** zu Beginn der Pause auf den Hof.
19. Beim Geländespiel **kriechen** wir auf allen vieren durchs Gebüsch.
20. Die Braut und der Bräutigam **schreiten** zum Altar.

**senkrecht:**
1. Wir **fliehen** vor den Wespen in den See.
2. Die Jungen **rasen** los um den Bus zu bekommen.
4. Soldaten **marschieren** bei einer Parade.
5. Die beiden Betrunkenen **torkeln** aus der Bar.
6. Der Förster muss heute durch hohen Schnee **stapfen**.
8. Die Mädchen **stolzieren** angeberisch an der Warteschlange vorbei.
10. Nach Geschäftsschluss **eilen** die Menschen nach Hause.
11. Meine Eltern **schlendern** gern von Geschäft zu Geschäft.
12. Abends sah ich zwei dunkle Gestalten durch den Garten **huschen**.
13. Wir **flüchten** vor dem fremden Hund.
14. Beim ersten Aufstehen **taumeln** die Operierten oft.
16. Seit seinem schweren Unfall muss Tom **hinken**.

# Das treffende Verb verwenden

## Das Wortfeld *sehen*: Erarbeitung und Anwendung (Teil 1)

**1.** Ersetze in den folgenden Sätzen die Verben, die nicht passen, durch treffende Wörter. Die Wörtersammlung neben dem Kreuzworträtsel unten auf der Seite hilft dir dabei. Manchmal ändert sich durch das neue Verb der Satzbau.

**Beispiel:** Gestern glotzte ich in einer Dinosaurierausstellung die Tiere der Urzeit an.

→ Gestern betrachtete ich (schaute ich … an) in einer Dinosaurierausstellung die Tiere der Urzeit.

1. Im Zoo musterten wir die Affen bei der Fütterung.
2. Plötzlich überblickte ich vor dem Rathaus meine alte Freundin Claudia.
3. Viele Schaulustige verstellten den Rettungsfahrzeugen den Weg und besichtigten neugierig den Unfallort.
4. Ein Betrunkener saß vor unserer Haustür und entdeckte vor sich hin.
5. Der Kassierer blinzelte entsetzt auf den maskierten Bankräuber.
6. Sobald es hell war, gafften wir durch das Fernglas und hofften auf Rettung.
7. Beim Vorstellungsgespräch bemerkte die Chefin den Bewerber prüfend.
8. Die Passagiere konnten vom Flugzeug aus die ganze Insel fixieren.
9. Mit halb geöffneten Augen spähten wir in die Sonne.

**2. Kreuzworträtsel**

Gnork schaut im Wörterbuch nach, ob es noch andere Ausdrücke für *sehen* gibt. Trage diese Wörter in das Rätsel ein.

anschauen
bemerken
beobachten
besichtigen
betrachten
blinzeln
entdecken
erblicken
erkennen
fixieren
gaffen
glotzen
mustern
spähen
starren
stieren
überblicken
wahrnehmen

# Das Wortfeld *sehen*: Erarbeitung und Anwendung (Teil 1)

**1.** Ersetze in den folgenden Sätzen die Verben, die nicht passen, durch treffende Wörter.

Möglichkeiten:
1. Im Zoo **beobachteten** wir die Affen bei der Fütterung.
2. Plötzlich **erblickte (entdeckte, bemerkte, erkannte)** ich vor dem Rathaus meine alte Freundin Claudia.
3. Viele Schaulustige verstellten den Rettungsfahrzeugen den Weg und **glotzten (gafften)**.
4. Ein Betrunkener saß vor unserer Haustür und **stierte** vor sich hin.
5. Der Kassierer **starrte** entsetzt auf den maskierten Bankräuber.
6. Sobald es hell war, **spähten** wir durch das Fernglas und hofften auf Rettung.
7. Beim Vorstellungsgespräch **musterte (fixierte)** die Chefin den Bewerber prüfend.
8. Die Passagiere konnten vom Flugzeug aus die ganze Insel **überblicken**.
9. Mit halb geöffneten Augen **blinzelten** wir in die Sonne.

**2.  Kreuzworträtsel**

anschauen
bemerken
beobachten
besichtigen
betrachten
blinzeln
entdecken
erblicken
erkennen
fixieren
gaffen
glotzen
mustern
spähen
starren
stieren
überblicken
wahrnehmen

## Das Wortfeld *sehen*:
## Festigung der Wortbedeutungen (Teil 2)

**1.** Hier darfst du der Deutschlehrer sein.

1. Daniela hat in ihrem Aufsatz „Auf der Kirmes" zu oft das Verb *sehen* verwendet. Streiche die Stellen als Ausdrucksfehler an.

2. Schreibe den Aufsatz mit treffenderen Verben neu. Manchmal musst du den Satzbau leicht verändern.
   Wenn du nicht weiterkommst, hilft dir die Wörterliste des Wortfelds *sehen* von Teil 1 (Kopiervorlage 9).

### Auf der Kirmes

Gestern Nachmittag klingelte es. Ein paar Freundinnen und Freunde standen vor der Tür und fragten mich: „Kommst du mit zur Kirmes?" – „Die beste Idee, die ihr je hattet!", rief ich begeistert. Schon von weitem _sahen_ wir den fliegenden Teppich. Den wollten wir unbedingt ausprobieren! Die Aussicht von oben war super, denn wir konnten den ganzen Ort _sehen_. Danach schlenderten wir an Bratwurst- und Pommesständen vorbei zu einer Wurfbude. Wir _sahen_ einigen Kindern zu, die aber immer knapp danebenwarfen.
Gemütlich gingen wir weiter und _sahen_ zwischen zwei Bierzelten eine Geisterbahn. Aufgeregt stiegen wir ein. Im Dunkeln griff plötzlich eine Geisterhand an meine Kehle, zwei glühende Augen _sahen_ mich an und in einer Ecke _sah_ ich ein grünes Gerippe.
Als wir dieses Abenteuer gut überstanden hatten, _sahen_ wir vor dem Bierzelt einen Unfallwagen. Ein Arzt kümmerte sich gerade um einen Betrunkenen, der auf der Erde saß und verwirrt vor sich hin _sah_. Viele Leute blieben stehen und _sahen_ neugierig zu. Wir schlenderten weiter und kamen zur nächsten Attraktion: Moby Dick, ein Riesenwal, war ausgestellt. Man konnte sogar durch sein Maul in seinen Körper klettern und alles von innen _sehen_. Ein paar Meter weiter schrie ein Schausteller: „Hereinspaziert! Hereinspaziert! _Sehen_ Sie sich den dicksten Mann der Welt an! Für drei Mark sind Sie dabei!" Das war uns zu teuer. Aber mein Freund Dirk _sah_ in der Seitenwand der Bude einen Spalt. Wir _sahen_ alle hindurch. So dick wie erwartet war „der Dicke" gar nicht! Auf dem Nachhauseweg _sahen_ wir uns noch die neuesten Kinoplakate an. Nächsten Samstag wollen wir alle ins Kino.

## Das Wortfeld *sehen*: Festigung der Wortbedeutungen (Teil 2)

**1.** 2. Schreibe den Aufsatz mit treffenderen Verben neu. Manchmal musst du den Satzbau leicht verändern.
Wenn du nicht weiterkommst, hilft dir die Wörterliste des Wortfelds *sehen* von Teil 1 (Kopiervorlage 9).

### Auf der Kirmes

Gestern Nachmittag klingelte es. Ein paar Freundinnen und Freunde standen vor der Tür und fragten mich: „Kommst du mit zur Kirmes?" – „Die beste Idee, die ihr je hattet!", rief ich begeistert.
Schon von weitem **erblickten** wir den fliegenden Teppich. Den wollten wir unbedingt ausprobieren! Die Aussicht von oben war super, denn wir konnten den ganzen Ort **überblicken**. Danach schlenderten wir an Bratwurst- und Pommesständen vorbei zu einer Wurfbude. Wir **beobachteten** einige Kinder (**schauten** einigen Kindern **zu**), die aber immer knapp danebenwarfen.
Gemütlich gingen wir weiter und **entdeckten** zwischen zwei Bierzelten eine Geisterbahn. Aufgeregt stiegen wir ein. Im Dunkeln griff plötzlich eine Geisterhand an meine Kehle, zwei glühende Augen **starrten** mich **an** (**musterten, fixierten** mich) und in einer Ecke **bemerkte** (**entdeckte, erblickte, nahm … wahr**) ich ein grünes Geripppe.
Als wir dieses Abenteuer gut überstanden hatten, **erblickten** (**bemerkten**) wir vor dem Bierzelt einen Unfallwagen. Ein Arzt kümmerte sich gerade um einen Betrunkenen, der auf der Erde saß und verwirrt vor sich hin **stierte**. Viele Leute blieben stehen und **gafften** (**glotzten**).
Wir schlenderten weiter und kamen zur nächsten Attraktion: Moby Dick, ein Riesenwal, war ausgestellt. Man konnte sogar durch sein Maul in seinen Körper klettern und alles von innen **anschauen** (**betrachten, besichtigen**). Ein paar Meter weiter schrie ein Schausteller: „Hereinspaziert! Hereinspaziert! **Schauen** Sie sich den dicksten Mann der Welt **an**! Für drei Mark sind Sie dabei!" Das war uns zu teuer. Aber mein Freund Dirk **entdeckte** (**bemerkte**) in der Seitenwand der Bude einen Spalt. Wir **spähten** (**blickten, schauten**) alle **hindurch**. So dick wie erwartet war „der Dicke" gar nicht!
Auf dem Nachhauseweg **betrachteten** wir noch die neuesten Kinoplakate (**schauten … an**). Nächsten Samstag wollen wir alle ins Kino.

# Das treffende Verb verwenden

## Das Wortfeld *machen*: Erarbeitung und Anwendung

**1.**

> Gutschein für Mutters Geburtstag
>
> Morgens mache ich Kaffee. Danach mache ich für Daniela die Frühstücksbrote. Danach mache ich in allen Zimmern den Staub weg. Nachmittags mache ich alle Schuhe sauber. Alles Liebe!
>
> Dein Martin

Martin ist bei seinem Geschenk nur immer das Allerweltswort *machen* eingefallen. Schreibe den Gutschein neu und ersetze dabei *machen*.
**Beispiel:** Morgens *koche* ich Kaffee.

**2.** Hier findest du weitere Ausdrücke, in denen *machen* vorkommt. Schreibe deine Verbesserungsvorschläge auf. Sie helfen dir auch Wiederholungen zu vermeiden.
**Beispiel:** Kaffee machen → Kaffee *kochen*

1. den Abwasch machen
2. die Tür aufmachen
3. das Feuer im Wald ausmachen
4. eine Zweigstelle zumachen
5. den Aufsatz neu machen
6. den Wasserhahn zumachen
7. die Arbeit fertig machen
8. den Fleck wegmachen
9. die Hose länger machen
10. ein Bild machen
11. den Weg breiter machen
12. beim Wettkampf mitmachen
13. ein Geschäft aufmachen
14. das Mittagessen machen
15. den Schirm aufmachen
16. eine Holzfigur machen
17. eine Vase kaputt machen
18. eine Schraube losmachen
19. das Radio anmachen
20. den Staubsauger ganz machen

**3.** Schreibe auf, was zehn Menschen, die in deiner Straße wohnen, an einem Samstagvormittag tun könnten. Verwende dabei möglichst viele Ausdrücke, durch die du in diesem Kapitel *machen* ersetzt hast.
**Beispiel:** Rolf Tappe nimmt an einem Tenniswettkampf teil.

## Das Wortfeld *machen*: Erarbeitung und Anwendung

**1.** Schreibe den Gutschein neu und ersetze dabei *machen*.

Möglichkeit:
Morgens **koche** ich Kaffee. Danach **schmiere** ich für Daniela die Frühstücksbrote. Danach **wische** ich in allen Zimmern Staub. Nachmittags **putze** ich alle Schuhe.

**2.** Lösungsmöglichkeiten:

| | |
|---|---|
| 1. den Abwasch machen | – spülen |
| 2. die Tür aufmachen | – die Tür öffnen |
| 3. das Feuer im Wald ausmachen | – das Feuer im Wald löschen |
| 4. eine Zweigstelle zumachen | – eine Zweigstelle schließen |
| 5. den Aufsatz neu machen | – den Aufsatz neu schreiben |
| 6. den Wasserhahn zumachen | – den Wasserhahn zudrehen |
| 7. die Arbeit fertig machen | – die Arbeit beenden |
| 8. den Fleck wegmachen | – den Fleck entfernen |
| 9. die Hose länger machen | – die Hose verlängern |
| 10. ein Bild machen | – ein Bild malen |
| 11. den Weg breiter machen | – den Weg verbreitern |
| 12. beim Wettkampf mitmachen | – am Wettkampf teilnehmen |
| 13. ein Geschäft aufmachen | – ein Geschäft eröffnen |
| 14. das Mittagessen machen | – das Mittagessen kochen, zubereiten, aufwärmen |
| 15. den Schirm aufmachen | – den Schirm aufspannen |
| 16. eine Holzfigur machen | – eine Holzfigur schnitzen |
| 17. eine Vase kaputt machen | – eine Vase zerbrechen |
| 18. eine Schraube losmachen | – eine Schraube losdrehen |
| 19. das Radio anmachen | – das Radio einschalten |
| 20. den Staubsauger ganz machen | – den Staubsauger reparieren |

**3.** Möglichkeiten:

1. Herr Neumann **verbreitert** den Weg zu seinem Haus.
2. Astrid **entfernt** einen Fleck von ihrem Pullover.
3. Annette **schnitzt** als Geburtstagsgeschenk für ihren Vater eine Holzfigur.
4. Claudia **repariert** den Staubsauger.
5. Sven **schreibt** den Aufsatz neu.
6. Anne und Kai **spülen** das Frühstücksgeschirr.
7. Pascal **verlängert** seine Jeans, nachdem sie beim Waschen eingegangen ist.
8. Birgit **dreht** gerade eine Schraube an ihrem Kassettenrekorder **los**.
9. Der Student **kocht** für seine Freunde Erbsensuppe.
10. Der kleine Dirk hat gerade eine Vase **zerbrochen** und weint.

# Die passende Konjunktion (Teil 1)

**1.** Schreibe den Witz „Der ungelehrige Papagei" mit den richtigen Konjunktionen ab. Zweimal gibt es mehrere Möglichkeiten.
Beispiel: Nachdem (als) Fritzchen einen Papagei …

**Der ungelehrige Papagei**

_____ Fritzchen einen Papagei mit dem Namen „Coco" geschenkt bekommen hat, will er ihm das Sprechen beibringen. „Sag mal ‚Coco'!", fordert er ihn immer wieder auf. Der Papagei rührt sich jedoch nicht. Fritzchen spricht den Satz „Sag mal ‚Coco'!" auf eine Kassette, _____ sich der Papagei die Wörter leichter einprägt. _____ Fritzchen jeden Tag viele Stunden mit ihm übt, zeigt das Tier nach einer Woche immer noch keinen guten Willen, _____ Fritzchen allmählich wütend wird. _____ er den Vogel an den Flügeln packt, schreit er ihn an: „_____ du jetzt nicht ‚Coco' sagst, kommst du in den Hühnerstall!" _____ noch immer nichts geschieht, sperrt er ihn ein.
Am Abend bekommt Fritzchen Gewissensbisse, _____ er den Papagei so hart bestraft hat. _____ er die Tür zum Hühnerstall öffnet, ist er sprachlos. Der Papagei hat den Hahn bei den Flügeln gepackt und schreit ihn an: „Willst du wohl ‚Coco' sagen?"

---

**Mit Konjunktionen kannst du Sätze, die etwas miteinander zu tun haben, verbinden.**
Beispiel:  **Es regnete. Wir spielten Völkerball.**
  → *Obwohl (als)* es regnete, spielten wir Völkerball.
  **Es regnete, *trotzdem (dennoch)* spielten wir Völkerball.**

**2.** Schreibe zu jedem Bild einen Satz. Verbinde die Sätze wie im Tipp durch die folgenden Konjunktionen. Suche möglichst viele Möglichkeiten:
als, nachdem, bevor, danach, weil, da, denn, obwohl, aber, doch, so dass, damit

## Die passende Konjunktion (Teil 1)

**1.** Schreibe den Witz „Der ungelehrige Papagei" mit den richtigen Konjunktionen ab. Zweimal gibt es mehrere Möglichkeiten.

**Der ungelehrige Papagei**

**Nachdem (als)** Fritzchen einen Papagei mit dem Namen „Coco" geschenkt bekommen hat, will er ihm das Sprechen beibringen. „Sag mal ,Coco'!", fordert er ihn immer wieder auf. Der Papagei rührt sich jedoch nicht.
Fritzchen spricht den Satz „Sag mal ,Coco'!" auf eine Kassette, **damit** sich der Papagei die Wörter leichter einprägt. **Obwohl** Fritzchen jeden Tag viele Stunden mit ihm übt, zeigt das Tier nach einer Woche immer noch keinen guten Willen, **so dass** Fritzchen allmählich wütend wird. **Während** er den Vogel an den Flügeln packt, schreit er ihn an: „**Wenn** du jetzt nicht ,Coco' sagst, kommst du in den Hühnerstall!" **Als (da)** noch immer nichts geschieht, sperrt er ihn ein.
Am Abend bekommt Fritzchen Gewissensbisse, **weil** er den Papagei so hart bestraft hat. **Als** er die Tür zum Hühnerstall öffnet, ist er sprachlos. Der Papagei hat den Hahn bei den Flügeln gepackt und schreit ihn an: „Willst du wohl ,Coco' sagen?"

**2.** Schreibe zu jedem Bild einen Satz. Verbinde die Sätze wie im Tipp durch die folgenden Konjunktionen. Suche möglichst viele Möglichkeiten:

1. Anke weint, **weil (da, nachdem)** sie hingefallen ist. Anke weint, **denn** sie ist hingefallen.
2. **Weil (da, nachdem)** Pascal bei einer Schlägerei verletzt worden war, musste er ins Krankenhaus. Pascal musste ins Krankenhaus, **denn** er war bei einer Schlägerei verletzt worden.
3. Peter gräbt das Beet um, **damit** er pflanzen kann. Peter gräbt das Beet um, **weil (da)** er pflanzen möchte. **Nachdem (als)** Peter das Beet umgegraben hat, pflanzt er. **Bevor** Peter pflanzt, gräbt er das Beet um.
4. Die Sekretärin schreibt einen Brief, **danach** zerreißt sie ihn wieder. **Nachdem (als)** die Sekretärin den Brief geschrieben hat, zerreißt sie ihn wieder. Die Sekretärin schreibt den Brief, **aber (doch)** sie zerreißt ihn wieder. **Obwohl** die Sekretärin den Brief gerade erst geschrieben hat, zerreißt sie ihn wieder.

## Die verschiedenen Konjunktionen (Teil 2)

**1.** Im **Buchstabenlabyrinth** sind waagerecht und senkrecht mehr als 25 verschiedene Konjunktionen versteckt. Achtung! Manchmal überschneiden sie sich. Rahme sie ein und schreibe jede Konjunktion einmal heraus.
Beispiel: waagerecht: 1: solange

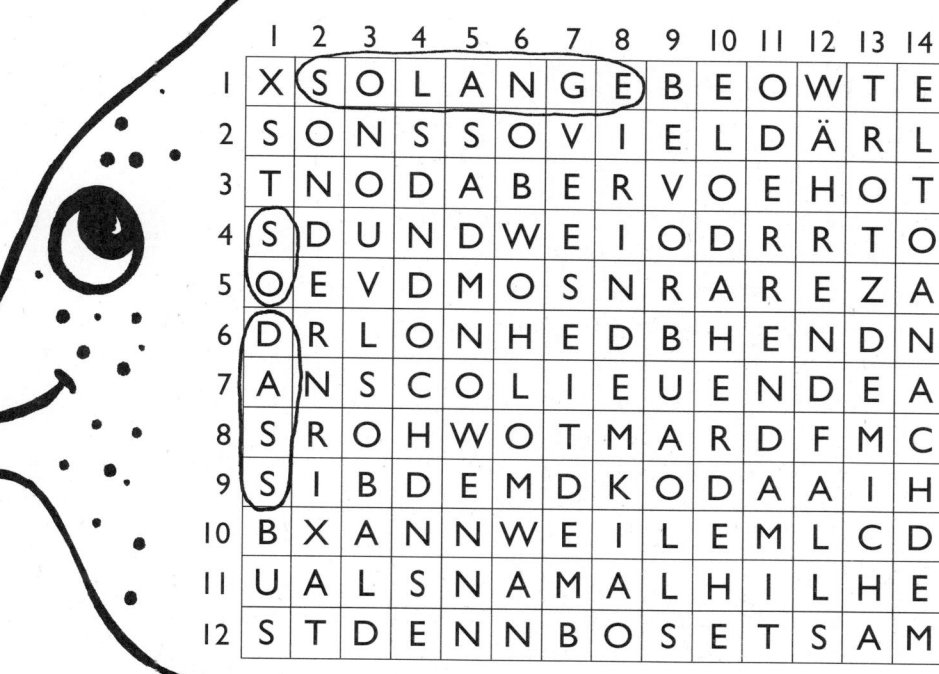

*solange*

*so dass*

|   | 1 | 2 | 3 | 4 | 5 | 6 | 7 | 8 | 9 | 10 | 11 | 12 | 13 | 14 |
|---|---|---|---|---|---|---|---|---|---|----|----|----|----|----|
| 1 | X | S | O | L | A | N | G | E | B | E | O | W | T | E |
| 2 | S | O | N | S | S | O | V | I | E | L | D | Ä | R | L |
| 3 | T | N | O | D | A | B | E | R | V | O | E | H | O | T |
| 4 | S | D | U | N | D | W | E | I | O | D | R | R | T | O |
| 5 | O | E | V | D | M | O | S | N | R | A | R | E | Z | A |
| 6 | D | R | L | O | N | H | E | D | B | H | E | N | D | N |
| 7 | A | N | S | C | O | L | I | E | U | E | N | D | E | A |
| 8 | S | R | O | H | W | O | T | M | A | R | D | F | M | C |
| 9 | S | I | B | D | E | M | D | K | O | D | A | A | I | H |
| 10 | B | X | A | N | N | W | E | I | L | E | M | L | C | D |
| 11 | U | A | L | S | N | A | M | A | L | H | I | L | H | E |
| 12 | S | T | D | E | N | N | B | O | S | E | T | S | A | M |

**2. Das Konjunktionenspiel**
Ein Kartenspiel für zwei oder drei Mitspieler

**Herstellung des Kartenspiels:** Schneide aus Papier 24 Karten aus.
Schreibe auf 23 Karten Konjunktionen aus dem Buchstabenlabyrinth von
Aufgabe 1, auf die 24. Karte malst du „Gnork".

**Spielverlauf:** Die Karten werden gemischt und gleichmäßig verteilt.
Der erste Spieler zieht beim rechten Nachbarn eine Karte. Er muss mit der
Konjunktion einen sinnvollen Satz bilden.
Beispiel: Störe mich bitte nicht, solange ich schlafe.
Wenn der Satz richtig ist, darf der Spieler die Karte ablegen. Wenn er es
nicht schafft, muss er sie bei seinen Karten einordnen. Dann zieht der
nächste Spieler eine Karte beim vorhergehenden. So geht es weiter.
Verlierer ist, wer zuletzt die Karte „Gnork" in der Hand hat.

Besprecht das Spiel mit eurem Lehrer oder eurer Lehrerin,
wenn ihr am Anfang Schwierigkeiten haben solltet.

## Die verschiedenen Konjunktionen (Teil 2)

**1. Buchstabenlabyrinth**

**waagerecht:** 1. solange 2. soviel 3. da, aber 4. und
10. weil 11. als 12. denn

**senkrecht:** 1. so dass (zwei Wörter!), dass 2. sondern 3. sobald
4. doch 5. wenn 6. ob, obwohl 7. seit, seitdem
8. indem 9. bevor 10. daher, ehe 11. oder, damit 12. während, falls
13. trotzdem 14. nachdem

**2. Das Konjunktionenspiel**

Möglichkeiten:

**waagerecht:**

1. **Solange** du verreist bist, gieße ich deine Blumen.
2. Sie ist in der Türkei, **soviel** ich weiß.
3. **Da** ich im Fußballverein bin, habe ich wenig Zeit.
   Ich wollte telefonieren, **aber** mein Telefon war kaputt.
4. Meine Kusine stand am Samstag plötzlich vor der Tür **und** am Sonntag kamen meine Großeltern.
10. **Weil** ich Halsschmerzen hatte, ging ich zum Arzt.
11. **Als** ich das Sportabzeichen bekam, war ich stolz.
12. Sie konnte ihn nicht leiden, **denn** er hatte sie beleidigt.

**senkrecht:**

1. Ich hatte viel geübt, **so dass** die nächste Arbeit besser wurde.
   Wir freuen uns, **dass** du jetzt auch schwimmen kannst.
2. Ich gehe nicht spazieren, **sondern** Tennis spielen.
3. **Sobald** sie das möchte, helfe ich ihr.
4. Er trainierte dauernd, **doch** er verlor das Spiel.
5. **Wenn** es regnet, arbeiten wir heute nicht im Garten.
6. Sabine wusste nicht, **ob** der Bus schon weg war.
   **Obwohl** er die Musik des Sängers gut fand, mochte er ihn nicht.
7. **Seit** ich viel Sport treibe, kann ich mich im Unterricht besser konzentrieren.
   **Seitdem** du in die neue Schule gehst, haben wir uns nicht mehr gesehen.
8. **Indem** wir öffentliche Verkehrsmittel benutzen, schonen wir die Umwelt.
9. **Bevor** sie verreiste, gab sie den Hund zum Nachbarn.
10. Ich reite gern, **daher** bin ich nachmittags oft im Reitstall.
    Ich rufe dich an, **ehe** ich komme.
11. Kommst du mit **oder** bleibst du zu Hause?
    Zieh die Jacke an, **damit** du dich nicht erkältest.
12. Mein Vater deckte den Tisch, **während** wir kochten.
    **Falls** du Zeit hast, kannst du mir helfen.
13. Kathrin schreibt immer gute Noten, **trotzdem** ist sie nicht eingebildet.
14. **Nachdem** wir angekommen waren, spielten wir Völkerball.

**1.** 1. Lies die Fabel „Der Hase und die Schildkröte" laut.

**Der Hase und die Schildkröte** (nach Äsop)

1. Ein Hase machte sich einmal über eine Schildkröte lustig. Sie war so langsam.
2. Die Schildkröte hatte sich das eine ganze Zeit angehört. Sie meinte selbstbewusst: 3. „Ich wette mit dir. Ich gewinne ein Wettrennen gegen dich.
4. Du musst einen Schiedsrichter finden. Es kann dann morgen stattfinden."
5. Der Hase amüsierte sich über diese Idee. Er meinte spöttisch: 6. „Sollen wir den Wettkampf wirklich schon morgen veranstalten? Sollen wir nicht lieber warten, bis deine Beine etwas gewachsen sind?" 7. Der Fuchs hatte eigentlich keine Zeit. Er war bereit den Schiedsrichter zu spielen.
8. Der verabredete Zeitpunkt war gekommen. Beide starteten. 9. Der Hase war fest von seinem Sieg überzeugt. Er glaubte eine Pause einlegen zu können.
10. Er streckte sich wohlig im Gras aus. Er schlief ein. 11. Die Schildkröte kroch an ihm vorbei. Sie schleppte sich mühsam in Richtung Ziel. 12. Sie gönnte sich keine Pause. Sie wollte keine Sekunde verlieren. 13. Ihr Gegner öffnete plötzlich die Augen. Sie war wenige Meter vom Ziel entfernt. 14. Der Hase raste sofort los. Die Schildkröte hatte das Rennen bereits gemacht.

2. Verbinde die Einzelsätze mit Konjunktionen. Manchmal gibt es mehrere Möglichkeiten.
Beispiel: 1. Ein Hase machte sich einmal über eine Schildkröte lustig,
**weil** sie so langsam war (**denn** sie war so langsam).

**2. Vom Aufstehen bis zum Schulbeginn**

Beschreibe deinen Tagesablauf vom Aufstehen bis zum Schulbeginn.
Baue die folgenden zehn Konjunktionen ein:

wenn, damit, solange, sobald, nachdem, während, obwohl, ob, da, weil

Beispiel: **Wenn** der Wecker um 6.55 Uhr klingelt, drehe ich mich erst
noch einmal im Bett um, **weil** ich noch müde bin.

# Verbindung von Einzelsätzen durch Konjunktionen (Teil 3)

**1.** 2. Verbinde die Einzelsätze mit Konjunktionen. Manchmal gibt es mehrere Möglichkeiten.

**Der Hase und die Schildkröte** (nach Äsop)

1. Ein Hase machte sich einmal über eine Schildkröte lustig, **weil** sie so langsam war. 2. **Nachdem** die Schildkröte sich das eine ganze Zeit angehört hatte, meinte sie selbstbewusst: 3. „Ich wette mit dir, **dass** ich ein Wettrennen gegen dich gewinne. 4. **Wenn** du einen Schiedsrichter findest, kann es morgen stattfinden."
5. Der Hase amüsierte sich über diese Idee **und** meinte spöttisch:
6. „Sollen wir den Wettkampf wirklich schon morgen veranstalten **oder** sollen wir nicht lieber warten, bis deine Beine etwas gewachsen sind?"
7. **Obwohl** der Fuchs eigentlich keine Zeit hatte, war er bereit den Schiedsrichter zu spielen.
8. **Als** der verabredete Zeitpunkt gekommen war, starteten beide. 9. Der Hase war fest von seinem Sieg überzeugt, **so dass** er glaubte eine Pause einlegen zu können. 10. **Während** er sich wohlig im Gras ausstreckte, schlief er ein. 11. Die Schildkröte kroch an ihm vorbei **und** schleppte sich mühsam in Richtung Ziel. 12. Sie gönnte sich keine Pause, **damit** sie keine Sekunde verlor. 13. **Als** ihr Gegner plötzlich die Augen öffnete, war sie wenige Meter vom Ziel entfernt. 14. Der Hase raste sofort los, **aber** die Schildkröte hatte das Rennen bereits gemacht.

**2.** **Vom Aufstehen bis zum Schulbeginn**

Möglichkeit:
**Wenn** der Wecker um 6.55 Uhr klingelt, drehe ich mich erst noch einmal im Bett um, **weil** ich noch müde bin. Mein Vater klopft meistens laut gegen die Tür, **damit** ich endlich aufstehe. **Solange** ich dusche, höre ich laut Radio. Anschließend putze ich mir die Zähne, **da** ich Mundgeruch nicht ausstehen kann. **Sobald** ich mich angezogen habe, sehe ich in meiner Schultasche nach, **ob** ich nichts vergessen habe. **Nachdem** ich ein Pausenbrot und ein Getränk eingepackt habe, frühstücke ich. **Während** mein Vater und ich noch die Zeitung lesen, muss sich meine Mutter schon auf den Weg zu ihrer Arbeit machen. **Obwohl** ich nur zehn Minuten mit dem Bus fahren muss, verlasse ich schon eine halbe Stunde vor Schulbeginn das Haus. Um 8.15 Uhr ertönt der Schulgong.

# Vermeidung von gleichen Satzanfängen (Teil 4)

**Du hast verschiedene Möglichkeiten gleiche Satzanfänge zu vermeiden und dich flüssiger auszudrücken.**
**Beispiel:** *Die Schildbürger* **fanden einen Krebs.** *Die Schildbürger* **schrien vor Entsetzen laut auf.**

1. *Personalpronomen:* **Die Schildbürger fanden einen Krebs.**
   *Sie* **schrien vor Entsetzen laut auf.**
2. *Umstellung der Satzglieder:* **Die Schildbürger fanden einen Krebs.**
   *Vor Entsetzen* **schrien sie laut auf.**
3. *Aufzählung:* **Die Schildbürger fanden einen Krebs** *und* **schrien vor Entsetzen laut auf.**
4. *Konjunktion: Als* **die Schildbürger einen Krebs fanden, schrien sie vor Entsetzen laut auf.**

Ulf hat seinen Aufsatz mit dem Computer geschrieben. Er hat dabei häufig die gleichen Satzanfänge gebraucht.
Versuche den Aufsatz abwechslungsreicher zu schreiben.

### Ein Krebs vor Gericht

Die Schildbürger erblickten eines Tages in ihrer Stadt einen Krebs. Die Schildbürger hatten noch nie in ihrem Leben ein solches Tier gesehen. Sie läuteten mit der Kirchenglocke Sturm. Sie stürzten alle zu der Stelle, wo der Krebs herumkroch. Da meinte der Bürgermeister: „Vielleicht ist es ein Schneider, denn wozu hätte er sonst zwei Scheren?" Da holte einer ein Stück Tuch. Dann setzte er den Krebs darauf und rief: „Schneide mir doch eine Jacke zu, wenn du ein Schneider bist!" Der Krebs spazierte auf dem Tuch vorwärts und rückwärts. Der Krebs schnitt aber den Stoff nicht zu. Da nahm der Schneidermeister seine eigene große Schere. Der Schneidermeister schnitt das Tuch genau so zu, wie der Krebs dahinkroch. Sie betrachteten dann von allen Seiten das Werk. Sie konnten nichts von einer Jacke erkennen. Da rief der Tuchbesitzer ärgerlich: „Der Kerl hat uns betrogen! Der Kerl ist gar kein Schneider! Ich verklage ihn wegen Sachbeschädigung!" Er griff nach dem Krebs. Da zwickte und kniff dieser ihn völlig unerwartet kräftig mit seinen Scheren. Da brüllte der Mann vor Schmerz auf. „Mörder!", schrie er, „Mörder! Hilfe!" Da hatte der Bürgermeister genug: „Das Tier ruiniert das teure Tuch! Das Tier trachtet einem unserer Mitbürger nach dem Leben! Wir machen ihm den Prozess!" Der Krebs wurde schon am nächsten Tag wegen mutwilliger Sachbeschädigung und wegen versuchten Mordes angeklagt. Dann wurde am selben Abend noch das Urteil gesprochen: „Der Angeklagte ist in beiden Punkten schuldig. Der Gerichtsdiener wird ihn ertränken." Der Gerichtsdiener warf im Beisein aller Mitbürger am nächsten Nachmittag den Krebs in hohem Bogen ins Wasser. Der Gerichtsdiener sprach feierlich: „Wir verzichten ausnahmsweise auf die Worte des Pfarrers. Wir wissen ja nicht, ob das Tier katholisch oder evangelisch war."

## Vermeidung von gleichen Satzanfängen (Teil 4)

Versuche den Aufsatz abwechslungsreicher zu schreiben.

Möglichkeit:

### Ein Krebs vor Gericht

Die Schildbürger erblickten eines Tages in ihrer Stadt einen Krebs. Noch nie in ihrem Leben hatten sie ein solches Tier gesehen, deshalb läuteten sie mit der Kirchenglocke Sturm. Als alle zu der Stelle gestürzt waren, wo der Krebs herumkroch, meinte der Bürgermeister: „Vielleicht ist es ein Schneider, denn wozu hätte er sonst zwei Scheren?" Einer holte ein Stück Tuch, setzte den Krebs darauf und rief: „Schneide mir doch eine Jacke zu, wenn du ein Schneider bist!" Der Krebs spazierte auf dem Tuch vorwärts und rückwärts, aber er schnitt den Stoff nicht zu. Daher nahm der Schneidermeister seine eigene große Schere und schnitt das Tuch genau so zu, wie der Krebs dahinkroch. Obwohl sie danach das Werk von allen Seiten betrachteten, konnten sie von einer Jacke nichts erkennen. Ärgerlich rief der Tuchbesitzer: „Der Kerl hat uns betrogen, denn er ist gar kein Schneider! Ich verklage ihn wegen Sachbeschädigung!" Als er nach dem Krebs griff, zwickte und kniff ihn dieser völlig unerwartet kräftig mit seinen Scheren, so dass der Mann vor Schmerz aufbrüllte. „Mörder!", schrie er, „Mörder! Hilfe!" Jetzt hatte der Bürgermeister genug: „Das Tier ruiniert das teure Tuch und trachtet einem unserer Mitbürger nach dem Leben! Wir machen ihm den Prozess!" Wegen mutwilliger Sachbeschädigung und wegen versuchten Mordes wurde der Krebs schon am nächsten Tag angeklagt. Am selben Abend noch wurde das Urteil gesprochen: „Der Angeklagte ist in beiden Punkten schuldig. Der Gerichtsdiener wird ihn ertränken." Am nächsten Nachmittag warf der Gerichtsdiener im Beisein aller Mitbürger den Krebs in hohem Bogen ins Wasser. Er sprach feierlich: „Wir verzichten ausnahmsweise auf die Worte des Pfarrers, denn wir wissen ja nicht, ob das Tier katholisch oder evangelisch war."

# Äußere Merkmale: Der Kopf

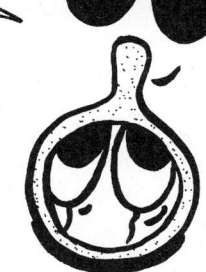

> Das glaubt mir zu Hause keiner, wie die Köpfe der Menschen auf der Erde aussehen.

**1.** Gnorks Kopf besteht nur aus Augen und einem Mund. Zähle auf, was dagegen zum Kopf eines Menschen gehört.

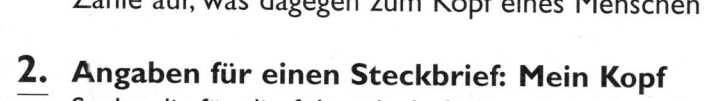

**2. Angaben für einen Steckbrief: Mein Kopf**
Suche dir für die folgende Aufgabe eine Partnerin oder einen Partner.

1. Zuerst beschreibt jeder mit Hilfe der Wörterlisten seinen eigenen Kopf. Ein Spiegel kann euch helfen.

**Gesicht und Aussehen:**
länglich, rundlich, herzförmig, eckig, oval, kantig, faltig, pickelig, Narben, Sommersprossen, schwammig, blass, eingefallen, frisch, kränklich

**Haare:**
blond, schwarz, braun, grau, farbige Strähnen, gefärbt, Perücke, glatt, lockig, kraus, Glatze, kurz, Meckischnitt, kinn-/schulterlang, zurückgekämmt, Pony, Rastazöpfe, Pferdeschwanz, Mittel-/Seitenscheitel, gepflegt, ungepflegt

**Zähne:**
vollständig, lückenhaft, auffallend groß/klein, weiß, gelb, dunkel, schräg gestellt, vorstehende Schneidezähne, Klammer

**Mund:**
groß, klein, schief, breite/wulstige/schmale Lippen, hervorstehende Unter-/Oberlippe, Hasenscharte

**Nase:**
schmal, breit, auffallend groß/klein, spitz, Adler-, Boxer-, Stupsnase

**Augenbrauen:**
Farbe: braun, schwarz, blond
Form: geschwungen, gerade, breit, schmal, buschig, dünn, dicht, zusammengewachsen

**Blick:**
stechend, trüb, streng, ernst, fröhlich, zurückhaltend

**Kinn:**
spitz, breit, vorspringend, Doppelkinn, Grübchen, gespalten

**Stirn:**
hoch, niedrig, flach, vorspringend, zurückweichend

**Augen:**
braun, blau, grün, verschieden farbig, tief liegend, hervorstehend, mandelförmig, weit auseinander/nah beieinander liegend, schräg stehend, Brillenträger (ständig, nur beim Lesen), Art der Brille

2. Nun beschreibt jeder den Kopf des anderen. Lest euch gegenseitig eure Ergebnisse vor. Gibt es Unterschiede, wie du dich selbst siehst und wie dich deine Partnerin oder dein Partner sieht? Besprecht sie.

## Äußere Merkmale: Der Kopf

**1.** Gnorks Kopf besteht nur aus Augen und einem Mund. Zähle auf, was dagegen zum Kopf eines Menschen gehört.

Der wichtigste Teil des menschlichen Kopfes ist das Gesicht. Es besteht aus einer Stirn, Augenbrauen, zwei Augen, zwei Ohren, einer Nase, einem Mund mit Zähnen und einem Kinn. Normalerweise haben die Menschen Haare auf dem Kopf, Männer lassen sich manchmal auch einen Bart wachsen.

## Eigenschaften und Verhaltensweisen (Teil 1)

**Jeder Mensch hat besondere Eigenschaften und Verhaltensweisen. Du kannst sie erkennen, wenn du darauf achtest, was er sagt und wie er handelt. Wenn du sein Verhalten beschreiben möchtest, brauchst du *treffende Adjektive*.**

Suche Eigenschaften für die Comicfiguren.
Dabei hilft dir die Wörterliste.
Beispiel: Bild 1: fürsorglich, liebevoll

*Asterix und Maestria, Bd. XXIX, Stuttgart: Ehapa 1991. Asterix und die Normannen, Bd. IX.*
*Stuttgart: Ehapa 1971.*

### Wörterliste:

hochnäsig, verärgert, spöttisch, witzig, ängstlich, wütend, eingebildet,
humorvoll, selbstbewusst, schlagfertig, fürsorglich, liebevoll, zimperlich,
zornig, ehrgeizig, verächtlich, voreingenommen, überheblich, gereizt

# Eigenschaften und Verhaltensweisen (Teil 1)

Suche Eigenschaften für die Comicfiguren.
Dabei hilft dir die Wörterliste.

Bild 2:  zornig, gereizt, verärgert, wütend

Bild 3a:  hochnäsig, spöttisch, verächtlich, eingebildet, überheblich, voreingenommen

Bild 3b:  schlagfertig, witzig, humorvoll

Bild 4:  ängstlich, zimperlich

Bild 5:  ehrgeizig, eingebildet, selbstbewusst

# Eigenschaften und Verhaltensweisen (Teil 2)

**1.** Ordne Eigenschaften und Verhaltensweisen aus der Wörterliste den
Comicfiguren zu.

*Asterix und die Normannen, Bd. IX, Stuttgart: Ehapa 1992. Asterix und Maestria, Bd. XXIX.
Stuttgart: Ehapa 1991.*

## Wörterliste:

verzweifelt, liebevoll, mutlos, vorsichtig, fürsorglich, zerknirscht, gehorsam,
klug, höflich, entsetzt, überlegt, wütend, hilfsbereit, verwirrt, verärgert,
niedergeschlagen, geschickt, reumütig, raffiniert

**2.** Hast du schon einmal in deiner Familie oder bei Freunden eine dieser
Eigenschaften oder Verhaltensweisen erlebt? Schildere diese Situation kurz.
Lies dein Ergebnis einer Partnerin oder einem Partner vor.

# Eigenschaften und Verhaltensweisen (Teil 2)

**1.** Ordne Eigenschaften und Verhaltensweisen aus der Wörterliste den Comicfiguren zu.

Bild 1:   reumütig, verzweifelt, verwirrt, zerknirscht, entsetzt, niedergeschlagen

Bild 2a: vorsichtig, klug, überlegt, raffiniert, geschickt

Bild 2b: gehorsam, höflich

Bild 3:   wütend, verärgert

Bild 4a: fürsorglich, höflich, hilfsbereit, liebevoll

Bild 4b: vorsichtig, überlegt

Bild 5a: fürsorglich, liebevoll

Bild 5b: mutlos, niedergeschlagen, verzweifelt

# Gefühle

**1.** Oft möchtest du beschreiben, wie dir zumute ist. Oder du möchtest andere verstehen, wenn sie über ihre Gefühle sprechen. Dazu musst du bestimmte Adjektive kennen.
Welche Gefühle haben die Jugendlichen in diesen zwölf Situationen? Schreibe die vollständigen Sätze auf. Wenn du selbst kein geeignetes Wort findest, hilft dir die Wörterliste. Manchmal passen mehrere Ausdrücke.
**Beispiel:** Kurz vor dem Skilaufen bricht sich Jan das Bein und kann nicht mitfahren. Deshalb ist er enttäuscht (traurig).

1. Susanne hat den Besuch ihrer Freundin nicht erwartet. Sie _____, als diese plötzlich vor der Tür steht.
2. Die Mutter glaubt, dass Eva sie belogen habe. Eva hat aber die Wahrheit gesagt. Sie _____ über den Verdacht.
3. Michael rechnet bei der Englischarbeit mit einer Fünf. Er _____, als er „befriedigend" sieht.
4. Der Vater erzählt den Großeltern in Markus' Beisein, dass er oft frech zu den Eltern sei. Markus _____.
5. Christians Großvater war schon lange krank. Als er stirbt, _____ Christian sehr _____, denn er hat seinen Großvater sehr gern gehabt.
6. Sabine ist von einer ihrer besten Freundinnen nicht zum Geburtstag eingeladen worden. Sie _____.
7. Sven konnte einen Jungen vor dem Ertrinken retten. Der Bürgermeister verleiht ihm mit ehrenden Worten die Lebensrettungsmedaille. Sven _____ in diesem Moment sehr _____. Svens Eltern, die auch eingeladen sind, _____.
8. Die Großmutter klagt schon seit Wochen über Schmerzen in der Herzgegend. Maria _____ darüber sehr _____.
9. Pascal erfährt, dass der Vater die schwere Operation gut überstanden hat. Nun _____ er _____.
10. Ein Mitschüler hat den Satz „Annette ist in Roland verliebt" an die Tafel geschrieben. Annette _____ das _____.
11. Bei der Ankunft in der englischen Gastfamilie _____ Claudia zuerst _____.
12. Ulf hat wieder nicht abgetrocknet. Die Mutter _____.

**Wörterliste:**
beleidigt sein, überrascht sein, traurig sein, gekränkt sein, gerührt sein, entsetzt sein, froh sein, enttäuscht sein, besorgt sein, sich übergangen fühlen, sich nicht wohl fühlen, begeistert sein, sich unsicher fühlen, sich blamiert fühlen, erleichtert sein, beruhigt sein, wütend sein, ärgerlich sein, empört sein, stolz sein, sich bloßgestellt fühlen, peinlich sein

**2.** Schreibt zu einer dieser Situationen ein Gespräch auf und spielt die kleine Szene. Die Zuschauer sollen herausfinden, welches Gefühl ihr darstellen wolltet.

Name: _____    Datum: _____

## Gefühle

**1.** Welche Gefühle haben die Jugendlichen in diesen zwölf Situationen? Schreibe die vollständigen Sätze auf. Wenn du selbst kein geeignetes Wort findest, hilft dir die Wörterliste. Manchmal passen mehrere Ausdrücke.

Möglichkeiten:

1. Susanne hat den Besuch ihrer Freundin nicht erwartet. Sie **ist überrascht (begeistert, ärgerlich)**, als diese plötzlich vor der Tür steht.
2. Die Mutter glaubt, dass Eva sie belogen habe. Eva hat aber die Wahrheit gesagt. Sie **ist gekränkt (beleidigt, enttäuscht, wütend, empört, entsetzt)** über den Verdacht.
3. Michael rechnet bei der Englischarbeit mit einer Fünf. Er **ist erleichtert (überrascht, froh)**, als er „befriedigend" sieht.
4. Der Vater erzählt den Großeltern in Markus' Beisein, dass er oft frech zu den Eltern sei. Markus **fühlt sich blamiert (bloßgestellt)**. (Markus **ist** das **peinlich**.)
5. Christians Großvater war schon lange krank. Als er stirbt, **ist** Christian sehr **traurig**, denn er hat seinen Großvater sehr gern gehabt.
6. Sabine ist von einer ihrer besten Freundinnen nicht zum Geburtstag eingeladen worden. Sie **fühlt sich übergangen**. (Sie **ist enttäuscht, wütend, ärgerlich**.)
7. Sven konnte einen Jungen vor dem Ertrinken retten. Der Bürgermeister verleiht ihm mit ehrenden Worten die Lebensrettungsmedaille. Sven **ist** in diesem Moment sehr **stolz**. Svens Eltern, die auch eingeladen sind, **sind gerührt**.
8. Die Großmutter klagt schon seit Wochen über Schmerzen in der Herzgegend. Maria **ist** darüber sehr **besorgt**.
9. Pascal erfährt, dass der Vater die schwere Operation gut überstanden hat. Nun **ist** er **beruhigt (erleichtert)**.
10. Ein Mitschüler hat den Satz „Annette ist in Roland verliebt" an die Tafel geschrieben. Annette **ist** das **peinlich**. (Annette **ist ärgerlich, empört**.)
11. Bei der Ankunft in der englischen Gastfamilie **fühlt sich** Claudia zuerst **unsicher (nicht wohl)**.
12. Ulf hat wieder nicht abgetrocknet. Die Mutter **ist wütend (ärgerlich, empört)**.

## Wortfelder für Gespenstergeschichten (Teil 1)

In einer verlassenen Burgruine lebt das kleine Gespenst Kuno mit seiner Familie. „Du wirst nun erwachsen und sollst lernen, wie man Leute erschreckt", sagen eines Tages die Eltern zu ihm. Beim Flug über die Dächer der Stadt schreibt Kuno ungeordnet in Stichworten alles auf, was er von ihnen erfährt.

Am Abend findet er sich in seinen Notizen kaum noch zurecht.
Ordne für ihn die Stichworte.

**1. Wo soll Kuno erscheinen?**
in einem verfallenen Schloss, …

**2. Wann soll er erscheinen?**
zur Geisterstunde, …

**3. Bei welchem Wetter soll er geistern?**
bei pfeifendem Wind, …

**4. Wie soll er aussehen?**
flackernde Augen, …

**5. Was soll er tun?**
ächzen, …

**6. Welche anderen Wesen sollen noch Angst einjagen?**
Uhu, …

in einem verfallenen Schloss – Uhu – flackernde Augen – bei pfeifendem Wind – ächzen – plötzlich im Erdboden versinken – bei Blitz und Donner – im dichten Nebel – eiskalte weiße Hände – mit den Ketten rasseln – lauernde Spinne im Spinnennetz – glühende Augen – zur Geisterstunde – keuchen – in stockdunkler Nacht – vorbeihuschende Ratten – im heftigen Sturm – im Winter – weißes Gewand – um Mitternacht – stöhnen – flatternder Umhang – heulen – poltern – schweben – Fledermäuse – in einem feuchten Kellergewölbe – eine Tür knarren lassen – huschen – in einer modrigen Höhle – bei heulendem Wind – nur ein Auge – durch die geschlossene Tür gehen – wenn die Turmuhr zwölf schlägt – zischen – auf einem Friedhof – bei peitschendem Regen – rascheln – in einer alten Burgruine – bei Vollmond – im dichten Wald – mit hohler Stimme reden – auf einem seit Jahren nicht mehr betretenen Dachboden – an einem nebligen Novembertag – Raffzähne – Fleisch fressende Pflanzen – einen grauenhaften Schrei ausstoßen – funkelnde Augen – höhnisch lachen – schreiendes Käuzchen – Ketten mit Riesenkugeln an den Füßen – kopflose Skelette – plötzlich auftauchen – wimmern – klapperndes Gerippe

## Wortfelder für Gespenstergeschichten (Teil 1)

In einer verlassenen Burgruine lebt das kleine Gespenst Kuno mit seiner Familie. „Du wirst nun erwachsen und sollst lernen, wie man Leute erschreckt", sagen eines Tages die Eltern zu ihm. Beim Flug über die Dächer der Stadt schreibt Kuno ungeordnet in Stichworten alles auf, was er von ihnen erfährt.
Am Abend findet er sich in seinen Notizen kaum noch zurecht.
Ordne für ihn die Stichworte.

### 1. Wo soll Kuno erscheinen?
in einem verfallenen Schloss, in einem feuchten Kellergewölbe, in einer modrigen Höhle, auf einem Friedhof, in einer alten Burgruine, im dichten Wald, auf einem seit Jahren nicht mehr betretenen Dachboden

### 2. Wann soll er erscheinen?
zur Geisterstunde, in stockdunkler Nacht, im Winter, um Mitternacht, wenn die Turmuhr zwölf schlägt, bei Vollmond, an einem nebligen Novembertag

### 3. Bei welchem Wetter soll er geistern?
bei pfeifendem Wind, bei Blitz und Donner, im dichten Nebel, im heftigen Sturm, bei heulendem Wind, bei peitschendem Regen

### 4. Wie soll er aussehen?
flackernde Augen, eiskalte weiße Hände, glühende Augen, weißes Gewand, flatternder Umhang, nur ein Auge, Raffzähne, funkelnde Augen, Ketten mit Riesenkugeln an den Füßen

### 5. Was soll er tun?
plötzlich im Erdboden versinken, ächzen, mit den Ketten rasseln, keuchen, stöhnen, heulen, poltern, schweben, eine Tür knarren lassen, huschen, durch die geschlossene Tür gehen, zischen, rascheln, mit hohler Stimme reden, einen grauenhaften Schrei ausstoßen, höhnisch lachen, plötzlich auftauchen, wimmern

### 6. Welche anderen Wesen sollen noch Angst einjagen?
Uhu, lauernde Spinne im Spinnennetz, vorbeihuschende Ratten, Fledermäuse, Fleisch fressende Pflanzen, schreiendes Käuzchen, kopflose Skelette, klapperndes Gerippe

# Beschreibung von Angst (Teil 2)

**I.** Das kleine Gespenst Kuno wird auf seinen Beruf vorbereitet.
Heute steht folgendes Thema auf dem Stundenplan:
„Wie reagieren die Menschen, wenn ein Gespenst gut gearbeitet hat?"
Kunos Mutter gibt ihrem Sohn einen Zettel, den sie in der Gespenster-
geheimsprache geschrieben hat. Darauf stehen die Reaktionen eines
Menschen, der Angst hat.

1. Lies, was die Mutter aufgeschrieben hat.

1. Doo Hooro stohon ohm zo Borgo.
2. Or schlogt soch doo Hondo vors Gosocht.
3. Woo ongeworzolt bloobt or stohon.
4. Or ost vor Schrock woo golohmt.
5. Dos Grooon stoht ohm oof dor Storn.
6. Soono Oogon sond storr vor Ongst.
7. Vor Ontsotzon word or kroodoblooch.
8. Dor Schrockon fohrt ohm on doo Gloodor.
9. Os looft ohm ooskolt obor don Rockon.
10. Or rooßt don Mond vor Ongst oof.
11. Dor kotto Schwooß brocht ohm oos.
12. Or bokommt oono Gonsohoot.
13. Or zottort om gonzon Korpor.
14. Dos Horz klopft ohm bos zom Holso.
15. Soono Kohlo schnort soch zosommon.
16. Dos Wort bloobt ohm om Holso stockon.
17. Or klommort soch on oonon ondoron.

2. Entschlüssele die Sätze und schreibe sie auf.

**2.** Schreibe selbst eine Gespenstergeschichte, in der das kleine Gespenst
Kuno zum ersten Mal allein geistert.

1. Notiere zuerst:
   **Wo** findet in deiner Erzählung Kunos Auftritt statt?
   **Zu welcher Jahres- und Tageszeit** spielt die Geschichte?
   **Bei welchem Wetter** kommt es zum Spuk?
   **Welche anderen Angst einjagenden Wesen** kommen darin vor?
   Wie **sieht** Kuno beim Spuk **aus**?
   Was **tut** Kuno?

2. Verwende in deiner Erzählung an den Stellen, an denen es passt,
   Ausdrücke, die du auf den letzten Seiten gelernt hast.

3. Lies deine Gespenstergeschichte der Klasse vor.

# Beschreibung von Angst (Teil 2)

**I.** Kunos Mutter gibt ihrem Sohn einen Zettel, den sie in der Gespenster-
geheimsprache geschrieben hat. Darauf stehen die Reaktionen eines Menschen,
der Angst hat.

2. Entschlüssele die Sätze und schreibe sie auf.

1. Die Haare stehen ihm zu Berge.
2. Er schlägt sich die Hände vors Gesicht. ✓
3. Wie angewurzelt bleibt er stehen. ✓
4. Er ist vor Schreck wie gelähmt.
5. Das Grauen steht ihm auf der Stirn.
6. Seine Augen sind starr vor Angst.
7. Vor Entsetzen wird er kreidebleich.
8. Der Schrecken fährt ihm in die Glieder.
9. Es läuft ihm eiskalt über den Rücken.
10. Er reißt den Mund vor Angst auf.
11. Der kalte Schweiß bricht ihm aus.
12. Er bekommt eine Gänsehaut.
13. Er zittert am ganzen Körper.
14. Das Herz klopft ihm bis zum Halse.
15. Seine Kehle schnürt sich zusammen.
16. Das Wort bleibt ihm im Halse stecken.
17. Er klammert sich an einen anderen.